필승합격일본어능력시험 N5

아스크 출판사 편집부

모의고사 3회분

머리말

　일본어능력시험(JLPT)은 일본어를 학습하는 사람의 일본어 능력을 측정하고 인정하는 전세계적인 공인 시험 중에서 가장 권위 있는 시험으로 알려져 있습니다.

　이 시험에서 궁극적으로 5단계 레벨의 가장 상위 레벨에 합격을 목표로 공부하는 사람들을 위한 교재는 시중에 다양하게 발행되어 있으며 그 중에는 이 책과 같은 〈모의고사 문제집〉도 많습니다.

　모의고사는 왜 필요할까요? 그 답은 아래와 같습니다.

　먼저, 일본어 학습자는 자신의 일본어 능력은 어느 정도인지를 알고 싶고 그것을 인정 받고 싶어할 것입니다. 그래서 이 시험에 응시하는 것이겠지요. 그러자면 자신의 능력에 맞는 레벨을 선택하여 응시하여야 하는데, 현재의 자신의 능력은 어느 정도인가를 알기는 쉽지 않습니다. 그래서 스스로 생각하는 레벨에 대한 모의고사를 보고 그 점수를 체크함으로써 대략적인 자신의 실력을 알 수가 있을 것입니다.

　다음으로는 모의고사에 응시해 본 결과 자신의 약한 부분, 소위 약점을 알게 될 것입니다. 그 약점을 알게 됨으로써 앞으로 공부할 방향이 설정되고 약점 부분을 강화하는 학습으로 보완해 갈 수가 있을 것입니다. 특히 한 과목이라도 과락 점수를 받으면 다른 과목의 점수가 좋아도 불합격된다는 점은 매우 중요하므로 어느 부분이 약한지 체크해야 할 필요가 있습니다.

　그리고는 모의고사를 통해 실전적인 연습을 하게 됨으로써 본 시험에 대한 두려움을 극복하고 과목 별 응시 요령을 익히게 되어 자신의 실력을 유감없이 발휘하게 될 것입니다.

　이러한 이유로 〈모의고사〉의 중요성이 인식된다면 이 책을 이용하여 학습하시는 여러분께서는 더욱 큰 자신감을 가지게 될 것으로 믿습니다.

　이 〈필승합격 일본어능력시험 모의고사 시리즈〉는 N1에서 N5까지 모든 레벨에 대해 각각 독립된 책자로 발행되었습니다.

　이 책은 일본의 유수한 일본어 교재 출판사인 아스크출판사가 기획·편집한 것입니다. 일본어능력시험은 과거 문제를 공개하지 않기 때문에 실제 문제를 알 수는 없습니다. 그러한만큼 실제 문제의 난이도나 형식에 유사한 문제를 접하는 것은 매우 중요하기 때문에 이 출판사의 외국인 직원들이 실제 시험에 응시하여 문제의 출제 경향을 연구, 분석하였으며 일본어 교육 전문가들에게 모의고사 문제의 출제를 의뢰하여 만들어진 것입니다.

　처음으로 일본어능력시험을 치르는 분도 3회분의 문제를 풀어봄으로써 만전의 태세로 본 시험에 임할 수 있을 것입니다. 이 책 모의고사를 접하신 여러분이 일본어능력시험 N5에 합격하여 자신의 꿈을 향한 큰 걸음을 내딛기를 기원합니다.

2021년 2월
(주)해외교육사업단

목차

머리말 ··· 2

이 책의 사용법 ··· 4

일본어능력시험에 대하여 ··· 5
     레벨 인정기준
     대문제 구성과 문제수
     결과 표시 및 합격점

N5 문제의 구성과 대책 ·· 8
     언어지식(문자·어휘)
     언어지식(문법)·독해
     청해

제1회 정답 ·· 23
     채점표와 분석
     해답·해설

제2회 정답 ·· 49
     채점표와 분석
     해답·해설

제3회 정답 ·· 75
     채점표와 분석
     해답·해설

별책   문제집 (해답용지 수록)
          모의고사 제1회
          모의고사 제2회
          모의고사 제3회

이 책의 사용법

구성

모의고사 문제가 3회분 수록되어 있습니다. 시간을 체크하면서 집중하여 임해주십시오. 종료 후에는 채점하여 몰랐던 부분, 틀린 부분에 대해서는 그대로 두지 말고 해설까지 착실히 읽고 이해하시기 바랍니다.

대책: 일본어능력시험에는 어떠한 문제가 나오는지, 어떻게 공부하면 좋은지 확인하십시오.

해답·해설: 정답과 오답을 판정하는 것만이 아니라 왜 틀렸는지 확인하십시오.
※해설은 유사표현을 많이 알 수 있도록 알기 쉬운 일본어와 한국어를 병용하였습니다.

 정답 이외의 선택지에 대한 해설.

□ · 기하자! 문제에 나온 어휘·표현 및 관련되는 어휘·표현.

문제 (별책): 본책에서 분리하여 마지막 페이지에 있는 해답용지를 잘라내어 사용합니다. 해답용지는 사이트에서 다운로드 할 수도 있습니다.

스케줄

JLPT 공부 시작 시점: 제1회 문제를 풀어 보고 시험 형식과 자신의 실력을 체크하십시오.

⬇

취약한 분야를 트레이닝
- **문자·어휘·문법**: 모의고사 해설에서 다루어지는 단어·표현을 노트에 옮겨 적어 외우십시오.
- **독해**: 매일 하나씩 일본어로 된 문장을 읽어주십시오.
- **청해**: 모의고사 문제를 스크립트를 보면서 들어주십시오.

⬇

제2회, 제3회 문제를 풀어 보고 일본어능력이 늘었는지 확인하십시오

⬇

시험직전: 다시 한 번 이 책의 모의고사 문제를 풀어 최종 확인하십시오.

청해 음성 파일 및 해답을 입력하면 자동으로 채점이 되는 Excel 시트는
아래 사이트에서 다운로드가 가능합니다.

➔ https://www.hedgroup.co.kr/09_jlpt.php

일본어능력시험 (JLPT) 레벨 인정기준

JLPT 레벨 인정기준

시험은 N1, N2, N3, N4, N5로 나뉘어져 있으므로 수험자가 자신에게 맞는 레벨을 선택합니다. 각 레벨에 따라 N1~N2는 언어지식(문자·어휘·문법)·독해, 청해의 두 섹션으로, N3~N5는 언어지식(문자·어휘), 언어지식(문법)·독해, 청해의 세 섹션으로 나뉘어져 있습니다.

시험의 각 레벨 인정기준은 다음과 같으며 인정기준을 [읽기], [듣기]의 언어 행동으로 설명하므로 참고해 주십시오.

각 레벨에는 이들 언어 행동을 실현하기 위한 언어지식이 필요합니다.

[일본어능력시험] 인정기준

레벨	인정기준
N1	**폭넓은 장면에서 사용되는 일본어를 이해할 수 있다.** [읽기]·폭넓은 화제에 대해 쓰인 신문 논설, 평론 등, 논리적으로 다소 복잡한 문장과 추상도 높은 문장 등을 읽고 문장 구성과 내용을 이해할 수 있다. ·다양한 화제 내용에 깊이 있는 글을 읽고 이야기 흐름과 상세한 역도를 이해할 수 있다. [듣기]·폭넓은 장면에서 자연스러운 속도의 체계적 내용의 회화, 뉴스, 강의를 듣고 이야기 흐름과 등장인물의 관계, 내용의 논리구성 등을 상세하게 이해하고 요지를 파악할 수 있다.
N2	**일상적인 장면에서 사용되는 일본어 이해와 더불어 보다 폭넓은 장면에서 사용되는 일본어를 어느 정도 이해할 수 있다.** [읽기]·폭넓은 화제에 대해 쓰인 신문이나 잡지 기사/해설, 평이한 평론 등 논지가 명쾌한 문장을 읽고 문장 내용을 이해할 수 있다. ·일반적인 화제에 관한 글을 읽고 이야기 흐름과 표현 의도를 이해할 수 있다. [듣기]·일상적인 장면과 더불어 폭넓은 장면에서 자연스러운 속도의 체계적 내용의 회화, 뉴스를 듣고 이야기 흐름과 등장인물의 관계를 이해하고 요지를 파악할 수 있다.
N3	**일상적인 장면에서 사용되는 일본어를 어느 정도 이해할 수 있다.** [읽기]·일상적인 화제에 대해 쓰인 구체적인 내용의 문장을 읽고 이해할 수 있다. ·신문 기사 제목 등을 통해 정보의 개요를 파악할 수 있다. ·일상적인 장면에서 접하는 범위의 난이도가 다소 높은 문장은 우의 표현이 제시되면 요지를 이해할 수 있다. [듣기]·일상적인 장면에서 다소 자연스러운 속도에 가까운 체계적 내용의 회화를 듣고 이야기의 구체적인 내용을 등장인물의 관계 등과 더불어 거의 이해할 수 있다.
N4	**기본적인 일본어를 이해할 수 있다.** [읽기]·기본적인 어휘나 한자로 쓰인 일상생활 속에서도 가까운 화제에 대한 글을 읽고 이해할 수 있다. [듣기]·일상적인 장면에서 조금 느린 속도의 회화라면 내용을 거의 이해할 수 있다.
N5	**기본적인 일본어를 어느 정도 이해할 수 있다.** [읽기]·히라가나, 가타카나, 일상생활에서 사용되는 기본적인 한자로 쓰인 정형적 어구, 문장, 글을 읽고 이해할 수 있다. [듣기]·교실이나 주변 등 일상생활 속에서도 자주 접하는 장면에서 느리고 짧은 회화로부터 필요한 정보를 얻어낼 수 있다.

(JLPT 홈페이지에서 인용)

일본어능력시험 (JLPT) 대문제 구성과 문제수

JLPT 대문제 구성과 문제수

각 레벨에서 출제되는 문제 구성과 문제 수는 다음과 같습니다.

각 문제 형식과 내용에 관해서는 이 책의 모의고사 문제를 참조하십시오.

시험과목		대문제	N1	N2	N3	N4	N5
언어지식·독해	문자·어휘	한자읽기	6문제	5문제	8문제	9문제	12문제
		표기	-	5문제	6문제	6문제	8문제
		단어형성	-	5문제	-	-	-
		문맥규정	7문제	7문제	11문제	10문제	10문제
		유의환언	6문제	5문제	5문제	5문제	5문제
		용법	6문제	5문제	5문제	5문제	-
		문제 수 합계	25문제	32문제	35문제	35문제	35문제
	문법	문장의 문법1 (문법형식 판단)	10문제	12문제	13문제	15문제	16문제
		문장의 문법2 (문법형식 판단)	5문제	5문제	5문제	5문제	5문제
		글의 문법	5문제	5문제	5문제	5문제	5문제
		문제 수 합계	20문제	22문제	23문제	25문제	26문제
	독해	내용이해(단문)	4문제	5문제	4문제	4문제	3문제
		내용이해(중문)	9문제	9문제	6문제	4문제	2문제
		내용이해(장문)	4문제	-	4문제	-	-
		통합이해	3문제	2문제	-	-	-
		주장이해(장문)	4문제	3문제	-	-	-
		정보검색	2문제	2문제	2문제	2문제	1문제
		문제 수 합계	26문제	21문제	16문제	10문제	6문제
청해		과제이해	6문제	5문제	6문제	8문제	7문제
		포인트이해	7문제	6문제	6문제	7문제	6문제
		개요이해	6문제	5문제	3문제	-	-
		발화표현	-	-	4문제	5문제	5문제
		즉시응답	14문제	12문제	9문제	8문제	6문제
		통합이해	4문제	4문제	-	-	-
		문제 수 합계	37문제	32문제	28문제	28문제	24문제

※문제 수는 매회 시험에서 출제되는 대략적인 기준이며, 실제 시험에서의 출제 수는 다소 달라 질 수 있습니다. 또한 문제 수는 변경되는 경우가 있습니다.

※ '독해'에서는 하나의 문장(본문)에 대해 복수의 문제가 출제되는 경우도 있습니다.

※매회 시험의 난이도를 관리하고, 새로운 유형의 문제를 평가하기 위해 득점에 가산되지 않는 문제를 포함할 수 있습니다.

(JLPT 홈페이지에서 인용)

일본어능력시험 (JLPT) 결과 표시 및 합격점

JLPT 결과 표시

레벨	득점 구분	최고 득점
N1	언어지식(문자·어휘·문법)	60
	독해	60
	청해	60
	종합득점	180
N2	언어지식(문자·어휘·문법)	60
	독해	60
	청해	60
	종합득점	180
N3	언어지식(문자·어휘·문법)	60
	독해	60
	청해	60
	종합득점	180
N4	언어지식(문자·어휘·문법)·독해	120
	청해	60
	종합득점	180
N5	언어지식(문자·어휘·문법)·독해	120
	청해	60
	종합득점	180

N1, N2, N3의 득점 구분은 '언어지식(문자·어휘·문법)', '독해', '청해'의 3 구분입니다.
N4, N5의 득점 구분은 '언어지식(문자·어휘·문법)·독해'와 '청해'의 2 구분입니다.

JLPT 합격점 및 기준점

레벨	합격점	기준점		
		언어지식	독해	청해
N1	100점	19점	19점	19점
N2	90점	19점	19점	19점
N3	95점	19점	19점	19점
N4	90점	38점		19점
N5	80점	38점		19점

종합 득점과 각 과목별 득점의 두가지 기준에 따라 합격여부를 판정합니다. 즉, 종합 득점이 합격에 필요한 점수(합격점) 이상이며, 각 과목별 득점이 과목별로 부여된 합격에 필요한 최저점(기준점) 이상일 경우 합격입니다.

(JLPT 홈페이지에서 인용)

N5 문제의 구성과 대책

언어지식 (문자・어휘)

문제1 한자읽기 12문제

한자로 쓰여진 단어 읽는 법을 답한다.

もんだい1 ＿＿＿の ことばは ひらがなで どう かきますか。1・2・3・4から いちばん いい ものを ひとつ えらんで ください。

れい1　その　こどもは　小さいです。
　　　1　ちさい　　　　2　ちいさい　　　　3　じさい　　　　4　じいさい

れい2　その　しんごうを　右に　まがって　ください。
　　　1　みぎ　　　　　2　ひだり　　　　　3　ひがし　　　　4　にし

정답：れい1　2, れい2　1

POINT

예1과 같이 발음과 표기의 정확함을 묻는 문제와, 예2와 같이 한자와 어휘의 의미 이해를 묻는 문제가 있습니다. 예2와 같은 문제에서는 같은 장르의 어휘가 선택지로 나열됩니다만 문제문 전체를 읽으면 정답을 추측할 수 있는 경우가 있습니다.

공부법

예1의 패턴에서는 발음이 부정확하면 정답을 고를 수 없습니다. 한자를 공부할 때는 음과 히라가나를 연결하여 소리를 내어 확인하면서 외웁시다. 일견 우회하는 것 같지만 이것을 해 놓으면 청해 능력도 늘어납니다.

문제2 표기 8문제

히라가나로 쓰여진 단어를 가타카나와 한자로 어떻게 쓰는지 답한다.

もんだい2 ＿＿＿ の ことばは どう かきますか。1・2・3・4から いちばん いい ものを
ひとつ えらんで ください。

れい この テレビは すこし <u>やすい</u>です。
　　　　1　低い　　　　　　2　高い　　　　　　3　安い　　　　　　4　悪い

정답：3

POINT

한자 표기를 묻는 문제에 더해 가타카나 표기를 답하는 문제도 출제됩니다. 한자의 경우는 형태가 비슷한 한자가 선택지에 나열됩니다. 가타카나의 경우는 「ソ」오-「ン」, 「ツ」와 「シ」, 「ウ」와 「ワ」, 「ク」와 「タ」 등의 구별을 할 수 있는지 묻습니다.

공부법

가타카나는 필순·형태와 음을 정확하게 연결지어 암기하는 것이 중요합니다. 주변의 가타카나 단어를 몇 번이고 써서 암기하도록 합시다.
한자 학습은 어휘 학습과 함께 하면 좋습니다. 히라가나만이 아니라 한자도 함께 암기하면 효과적입니다. 가나도 정확하게 암기하도록 합시다.

문제3 문맥규정 10문제

(　　)에 들어갈 가장 올바른 단어를 고른다.

もんだい3 (　　) に なにが はいりますか。1・2・3・4から いちばん いい ものを ひとつ えらんで ください。

れい　きのう　サッカーを　(　　) しました。
　　　1　れんしゅう　　2　こしょう　　3　じゅんび　　4　しゅうり

정답：1

POINT
명사, 형용사, 부사, 동사 외에 조수사와 가타카나어의 문제가 출제됩니다.

공부법
동사 문제에서는 문장 속에 나오는 명사가 힌트가 되는 경우가 있습니다. 동사를 외울 때는 「しゃしんをとります」와 같이 명사와 세트로 하여 외워두면 좋습니다. 어휘를 공부할 때는 단어의 의미만 외우는 것이 아니라 예문별로 외우면 의미와 사용법이 기억에 쉽게 남습니다.

문제4 유의환언 5문제

_____의 단어나 표현과 의미가 가장 가까운 말이나 표현을 고른다.

もんだい4 _____の ぶんと だいたい おなじ いみの ぶんが あります。1・2・3・4か
ら いちばん いいものを ひとつ えらんで ください。

れい　わたしは　にほんごの　ほんが　ほしいです。
　　1　わたしは　にほんごの　ほんを　もって　います。
　　2　わたしは　にほんごの　ほんが　わかります。
　　3　わたしは　にほんごの　ほんを　うって　います。
　　4　わたしは　にほんごの　ほんを　かいたいです。

정답：4

POINT
우선 네 가지 선택지의 다른 부분을 보고 첫 문장에 대응하고 있는 부분과 비교합니다. 공통된 부분은 별로 신경쓰지 않아도 됩니다.

공부법
위 예의 경우「ほしいです」의 부분을 바꾸어 말하는 것을 알 수 있으므로 여기에 주목하여 선택지를 봅니다. 형용사와 동사는 반대 의미의 단어와 함께 외워두면 도움이 됩니다.

언어지식 (문법)·독해

문제1 문장의 문법1 (문법형식의 판단) 16문제

문장 속의 (   )에 들어가는 것으로 가장 올바른 단어를 고른다.

もんだい1 (   ) に 何を 入れますか。1・2・3・4から いちばん いい ものを 一つ えらんで ください。

れい きのう ともだち(   ) こうえんへ いきました。
　　　　1 と　　2 を　　3 は　　4 や

정답 : 1

POINT

(   )에 들어가는 말은 한 글자의 조사부터 시작하지만 점점 글자수가 많아지고 동사를 포함한 10글자 정도인 것도 출제됩니다. 두 명의 대화형식 문제도 있습니다. 문제문을 읽고 상황을 이해하여 시제와 문말표현 (~ます、~ました、~ましょう、~ません 등)에 주의하여 정답을 고릅시다.

공부법

조사 문제는 반드시 출제됩니다. 각각의 조사가 어떻게 사용되는지를 예문으로 외워두면 좋습니다. 새로운 문법을 외울 때는 실제로 사용되는 상황을 상상하면서 외웁시다. 대화로 외우는 것도 효과적입니다.

문제2 문장의 문법2 (문장 만들기) 5문제

문장에 있는 4 개의 ____에 단어를 넣어 ★ 에 들어갈 선택지를 고른다.

もんだい2 ★ に 入(はい)る ものは どれですか。1・2・3・4から いちばん いい ものを 一(ひと)つ えらんで ください。

A「いつ ____ ____ ★ ____ か。」
B「3月(がつ)です。」

1　くに　　　　　2　へ　　　　　3　ごろ　　　　　4　かえります

정답 : 2

POINT

네 개의 선택지를 보고 어느 것들이 연결되는지를 생각합니다. ____의 앞뒤 단어에도 주목하여 생각하면 연결을 예측하기 쉬워집니다. ★의 위치는 문제별로 다릅니다. 두 번째나 세 번째에 있는 경우가 많지만 다른 경우도 있으므로 주의합시다.

공부법

문형을 외울 때는 접속하는 형태를 확실하게 외우도록 합시다. 예를들어 「~ながら」의 문형은 「동사ます형의 『ます』를 떼어 『ながら』를 붙인다」라는 것까지 이해할 필요가 있습니다.

문제3 문장의 문법 5문제

문장의 흐름에 맞는 표현을 선택지에서 고른다.

もんだい3 れい1 から れい4 に 何を 入れますか。ぶんしょうの いみを かんがえて、1・2・3・4から いちばん いい ものを 一つ えらんで ください。

　アナさんと どうぶつえんへ 行きました。どうぶつえんは れい1 おもしろい ところでした。どうぶつえんで ぞうを 見ました。どうぶつえんの 近くに カフェが ありました。わたしたちは カフェで サンドイッチを れい2 。食事を しながら 国の ことを 話しました。たくさん あるきましたから つかれました。 れい3 、とても たのしかったです。

れい1	1 にぎやか	2 にぎやかに	3 にぎやかな	4 にぎやかで
れい2	1 食べます	2 食べています	3 食べました	4 食べましょう
れい3	1 それに	2 でも	3 だから	4 では

정답：れい1　4, れい2　3, れい3　2

POINT

어떤 주제에 대하여 학생이 쓴 작문이 두 개 제시됩니다. 하나는 130자 정도로 그 안에 두 개 또는 세 개의 빈 칸이 있습니다. 접속사는 순접 (だから、それで 등)・역접 (でも、しかし 등)・첨가 (それに、そして、それから 등) 가 자주 출제됩니다. 앞뒤의 글을 읽고 연결을 생각합시다. 문중・문말 표현은 조사와 문형의 지식이 필요합니다. 작문으로 설명되는 상황을 이해하여 어떤 의미가 되는지 생각하면 정답을 추측하기 쉬워집니다.

공부법

POINT에 제시한 접속사를 외워둡시다. 문장을 읽는 연습을 할 때 접속사를 확인하면서 읽으면 외우기 쉬워집니다. 문중・문말 표현은 올바른 문법지식을 익혀두면 어렵지 않습니다. 문법 항목은 예문으로 외워두면 이 문제에서도 도움이 됩니다.

문제 4 내용이해 (단문)   1문제 × 3

80자 정도의 문장을 읽고 내용에 관련된 선택지를 고른다.

POINT

공지와 메모 등을 포함한 짧은 문장을 읽고 문장의 취지를 이해한 다음 올바른 선택지를 고르는 문제입니다. 질문을 읽은 다음 묻고 있는 부분을 본문 속에서 찾아내어 표시를 하고 선택지와 대조합니다.

문제 5 내용이해 (중문)   2문제 × 1

250자 정도의 문장을 읽고 내용에 관련된 선택지를 고른다.

POINT

일상적인 화제를 소재로한 문장 (작문) 이 출제됩니다. 질문은 밑줄 부분과 문장 전체의 이해를 묻는 것입니다. 특히 이유를 묻는 문제는 밑줄 부분의 앞뒤에 힌트가 있는 경우가 많습니다.

공부법

우선 전체를 대충 읽는 탑 다운의 읽기 방법으로 큰 의미를 파악하고 다음으로 문제문을 읽어 밑줄 부분의 앞뒤 등 해답으로 이어질 것 같은 부분을 차분히 보는 바텀업의 읽기 방법을 실행하면 좋습니다. 평소 독해 연습도 먼저 대충 읽어 큰 의미를 파악한 후 천천히 읽어 나가는 두 가지의 읽기 방법을 병용하십시오.

문제 6 정보검색   1문제

안내와 공지 등의 속에서 필요한 정보를 찾아내어 답한다.

POINT

어떤 정보를 얻기 위해서 전단지 등을 읽게 되는 일상의 독해 활동에 가까운 형태의 문제입니다. 문제를 푸는 단서가 되는 것에는 밑줄을 긋고 표와 전단지의 해당하는 부분에 동그라미를 치는 등으로 답을 찾을 수 있습니다.

청해

POINT

「이 문제에서는 무엇을 알아 들어야 하는가?」를 항상 의식하는 것이 중요합니다. 문제 형식마다 주목해야 할 포인트가 다르므로 주의합시다. 일러스트가 있는 문제는 처음에 일러스트를 봐 두면 침착하게 답할 수 있습니다.

공부법

청해는 독해처럼 차분히 정보에 대하여 생각할 시간적 여유가 없습니다. 모르는 어휘가 있어도 순식간에 내용과 발화의도를 파악할 수 있도록 많은 훈련을 하여 익숙해지십시오. 그렇지만 맹목적으로 듣기만 해서는 청해 능력은 늘지 않습니다. 말하는 사람의 목적을 파악한 후에 듣도록 합시다. 또한 청해 능력을 도와주는 어휘·문법의 기초력과 정보처리 속도를 올리기 위해 어휘도 음성으로 듣고 이해할 수 있도록 합시다.

청해 TIP

일본어능력시험에 대비하여 청해 공부를 하는 사람들은 어떻게 공부해야 빨리 일본어를 잘 듣고 좋은 점수를 받을 수 있는가 하는 질문을 가집니다.
이에 대한 정답은 없습니다. 각자의 일본어 학습 동기와 목적 등에서 독학하는 사람, 학원에 다니는 사람, 학교에서 수업하는 사람 등 매우 다양한 학습 방법에 따라 다르다고 할 수 있습니다.
다만, 여기에서 한 가지 효과적인 방법론에 대해 안내 드립니다.
청해는 기본적으로 음성이 들려서 단어의 뜻이 이해되지 않으면 해석이 불가합니다. 단어를 알게 되면 이 책에서 제시하는 청해 방법에 따라 문제를 푸는 요령을 터득하면 됩니다.
그런데, 단어를 마냥 하나씩 외우기 보다는 그 단어가 들어가는 문장의 음성을 함께 들으면서 외우는 것이 무엇 보다 효율적인 방법이라 할 수 있습니다. 그런 의미에서 본사에서 발행한 <필승합격 일본어능력시험 단어장 시리즈>를 추천합니다.
이 단어장 시리즈는 각 단어와 그 단어가 들어 가는 문장을 자연스럽고 듣기 편한 속도로 녹음하였으므로 음성으로 들으면서 공부할 수 있습니다. 일본어 레벨에 따라 N1에서 N5까지 다섯 권으로 구성하였고 총 10,000개 단어가 수록되어 있습니다.
단어가 사용되는 예문은 주제 및 상황에 맞게 구성되어 실생활과 JLPT 시험에 자주 나오는 문장으로 제시되고 있습니다. 많은 이용을 바랍니다.

문제1 과제 이해 7문제

두 사람의 대화를 듣고 어떤 과제를 해결하는데 필요한 정보를 알아 듣는다.

もんだい1では、はじめに しつもんを きいて ください。それから はなしを きいて、もんだいようしの 1から4の なかから、いちばん いい ものを ひとつ えらんで ください。

```
┌─────────────────┐
│  상황설명과     │
│  질문을 듣는다  │
└─────────────────┘
         ▼
┌─────────────────┐
│  대화를         │
│  듣는다         │
└─────────────────┘
         ▼
┌─────────────────┐
│ 다시 한번 질문을 듣는다 │
└─────────────────┘
         ▼
┌─────────────────┐
│  답을 고른다    │
└─────────────────┘
```

🔊 男の人と女の人が話しています。女の人は、明日まずどこへ行きますか。

🔊 M：明日、映画を見に行きませんか。
　　F：すみません。明日はアメリカから友だちが来ますから、ちょっと…。
　　M：そうですか。空港まで行きますか。
　　F：いいえ、電車の駅で会います。それから、いっしょに動物園へ行きます。

🔊 女の人は、明日まずどこへ行きますか。

1　どうぶつえん
2　えいがかん
3　くうこう
4　でんしゃの えき

정답 : 4

POINT

첫 번째 질문을 잘 듣고 알아들어야 할 포인트를 이해하는 것이 중요합니다. 이 질문에서는 「会話のあとでどのように行動するか」를 묻고 있으므로 그 근거가 되는 부분을 알아듣도록 합시다.

문제2 포인트 이해 6문제

두 사람 또는 한 사람의 이야기를 듣고 이야기의 포인트를 알아듣는다.

もんだい2では、はじめに　しつもんを　きいて　ください。それから　はなしを　きいて、もんだいようしの　1から4の　なかから、いちばん　いい　ものを　ひとつ　えらんで　ください。

- 상황설명과 질문을 듣는다
  ▼
- 이야기를 듣는다
  ▼
- 다시 한번 질문을 듣는다
  ▼
- 답을 고른다

🔊 学校で、男の学生と女の先生が話しています。男の学生はいつ先生と話しますか。

🔊 M：先生、レポートのことを話したいです。
　　F：そうですか。これから会議ですから、3時からはどうですか。
　　M：すみません、3時半からアルバイトがあります。
　　F：じゃあ、明日の9時からはどうですか。
　　M：ありがとうございます。おねがいします。
　　F：10時からクラスがありますから、それまで話しましょう。

🔊 男の学生はいつ先生と話しますか。

1　きょうの　3じ
2　きょうの　3じはん
3　あしたの　9じ
4　あしたの　10じ

정답 : 3

POINT

문제1과 마찬가지로 첫 번째 질문을 잘 듣고 알아들어야 할 포인트를 이해하는 것이 중요합니다. 이 문제에서는 들어야 할 것이 질문에 제시되므로 포인트를 좁혀서 듣는 연습을 반복합시다.

문제3 발화표현 5문제

일러스트를 보면서 상황설명을 듣고 가장 좋은 발화를 고른다.

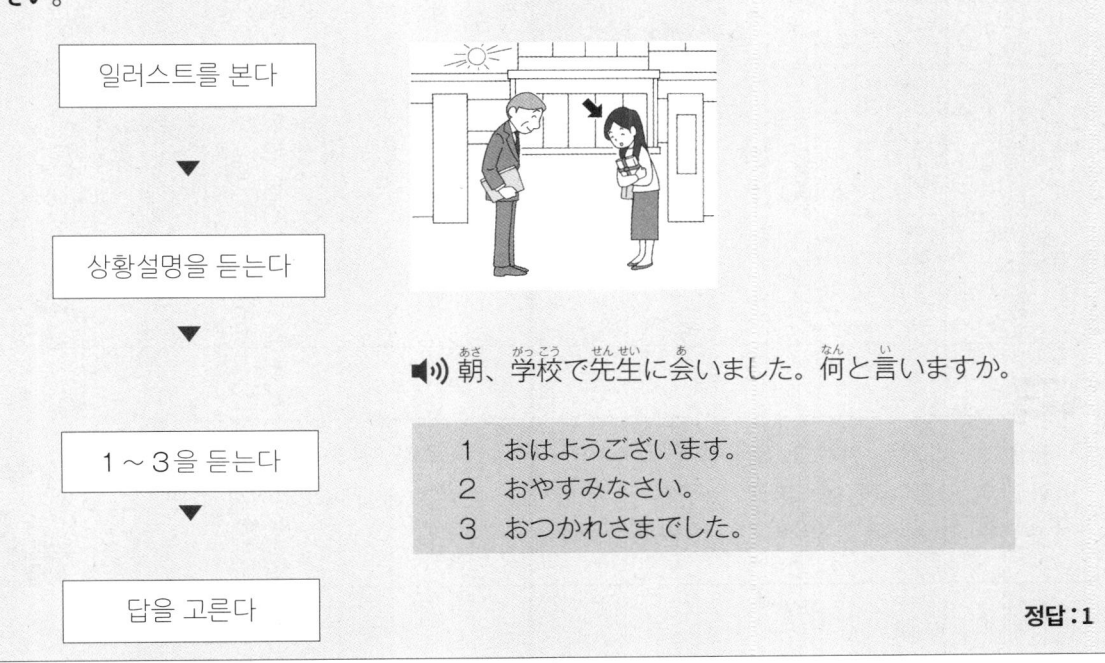

POINT

맨 처음에 나오는 상황 설명과 문제 용지에 그려진 일러스트로부터 상황과 등장 인물의 관계를 잘 이해한 후에 그 상황에 알맞는 전달 방법, 응답을 생각합시다.

문제5 즉시응답 6문제

질문, 부탁 등의 짧은 발화를 듣고 적절한 답을 고른다.

> もんだい4は、えなどが ありません。ぶんを きいて、1から3の なかから、いちばん いい ものを ひとつ えらんで ください。
>
> 🔊 お名前は。
>
> 　질문 등을 듣는다
> 　　▼
> 　1～3을 듣는다
> 　　▼
> 　답을 고른다
>
> 1　18さいです。
> 2　田中ともうします。
> 3　イタリア人です。
>
> 정답 : 2

공부법

문제3과 4에서는 인사와 일상 생활에서 자주 사용되는 부탁, 권유, 신청 등의 표현이 많이 나옵니다. 평소부터 주의하여 외워둡시다. 문형에 대해서도 읽어서 아는 것 뿐만이 아니라 듣고 알 수 있도록 공부합시다.

시간 기준 ⏰

시험은 시간과의 전쟁입니다. 모의고사 문제를 풀 때에도 시간을 체크하면서 풀어 봅시다.
아래는 대략적인 기준입니다.

언어지식 (문자·어휘) 25분

문제	문제수	소요 시간 기준	1문제당 시간
문제 1	12문제	4분	20초
문제 2	8문제	3분	20초
문제 3	10문제	7분	40초
문제 4	5문제	4분	40초

언어지식(문법)·독해 50분

문제	문제수	소요 시간 기준	1문제당 시간
문제 1	12문제	6분	30초
문제 2	5문제	5분	1분
문제 3	5문제	10분	2분
문제 4	1문제×3개	9분	단문 1개 (1문제) 3분
문제 5	2문제×1개	8분	중문 1개 (2문제) 8분
문제 6	1문제	7분	7분

청해 30분

제1회 해답·해설

정답 ·· 024

채점표와 분석 ·· 027

해답·해설

    언어지식 (문자·어휘) ································ 028

    언어지식 (문법) ·· 031

    독해 ·· 033

    청해 ·· 037

N5 げんごちしき (もじ・ごい) — 第1回

もんだい1

問題	解答
1	3
2	2
3	1
4	1
5	1
6	1
7	4
8	3
9	2
10	1
11	2
12	3

もんだい2

問題	解答
13	4
14	4
15	3
16	4
17	3
18	2
19	1
20	3

もんだい3

問題	解答
21	2
22	2
23	2
24	4
25	2
26	4
27	1
28	4
29	2
30	4

もんだい4

問題	解答
31	1
32	2
33	1
34	3
35	1

ちゅうい Notes

1. くろいえんぴつ (HB、No.2) でかいてください。
   Use a black medium soft (HB or No.2) pencil.
   (ペンやボールペンではかかないでください。)
   (Do not use any kind of pen.)
2. かきなおすときは、けしゴムできれいにけしてください。
   Erase any unintended marks completely.
3. きたなくしたり、おったりしないでください。
   Do not soil or bend this sheet.
4. マークれい Marking Examples

よいれい Correct Example	わるいれい Incorrect Examples
●	⊗ ○ ◎ ◐ ⦵ ●

필승합격 모의고사 해답용지

N5 げんごちしき (ぶんぽう)・どっかい

第1回

じゅけんばんごう / Examinee Registration Number

なまえ / Name

〈ちゅうい Notes〉

1. くろいえんぴつ (HB、No.2) でかいて ください。
   Use a black medium soft (HB or No.2) pencil.
   (ペンやボールペンではかかないでください。)
   (Do not use any kind of pen.)
2. かきなおすときは、けしゴムできれいにけしてください。
   Erase any unintended marks completely.
3. きたなくしたり、おったりしないでください。
   Do not soil or bend this sheet.
4. マークれい Marking Examples

よいれい Correct Example	わるいれい Incorrect Examples
●	⊗ ○ ◎ ⊕ ① ◯

もんだい1

	1	2	3	4
1	①	●	③	④
2	①	②	③	●
3	①	②	●	④
4	①	②	③	●
5	①	●	③	④
6	①	②	③	●
7	①	②	●	④
8	①	②	③	●
9	①	②	●	④
10	①	②	●	④
11	①	●	③	④
12	①	②	③	●
13	①	●	③	④
14	①	②	●	④
15	①	②	③	●
16	①	②	●	④

もんだい2

	1	2	3	4
17	①	②	③	●
18	①	●	③	④
19	①	②	③	●
20	①	②	●	④
21	①	②	●	④

もんだい3

	1	2	3	4
22	①	②	●	④
23	①	●	③	④
24	①	②	●	④
25	①	②	●	④
26	①	●	③	④

もんだい4

	1	2	3	4
27	①	②	③	●
28	①	②	●	④
29	①	●	③	④

もんだい5

	1	2	3	4
30	①	②	●	④
31	①	②	●	④

もんだい6

	1	2	3	4
32	①	②	●	④

N5 ちょうかい

第1回

じゅけんばんごう
Examinee Registration Number

なまえ
Name

もんだい1

れい	①	②	③	●
1	①	②	③	●
2	①	②	③	●
3	①	②	●	④
4	①	●	③	④
5	①	②	●	④
6	①	●	③	④
7	●	②	③	④

もんだい2

れい	①	②	③	●
1	①	●	③	④
2	①	②	③	●
3	①	●	③	④
4	①	●	③	④
5	①	●	●	④
6	①	●	③	④

もんだい3

れい	①	●	③
1	①	●	③
2	●	②	③
3	●	②	③
4	●	②	③
5	①	●	③

もんだい4

れい	●	②	③
1	●	②	③
2	①	●	③
3	●	②	③
4	①	●	③
5	①	●	③
6	①	●	③

〈ちゅうい Notes〉

1. くろいえんぴつ (HB、No.2) でかいてください。
Use a black medium soft (HB or No.2) pencil.
(ペンやボールペンではかかないでください。)
(Do not use any kind of pen.)

2. かきなおすときは、けしゴムできれいにけしてください。
Erase any unintended marks completely.

3. きたなくしたり、おったりしないでください。
Do not soil or bend this sheet.

4. マークれい Marking Examples

よいれい Correct Example	わるいれい Incorrect Examples
●	⊗ ○ ◯ ◐ ⊘ ◍ ◉

제1회 채점표와 분석

		배점	정답수	점수
문자·어휘	문제1	1점×12문제	/12	/12
	문제2	1점×8문제	/8	/8
	문제3	1점×10문제	/10	/10
	문제4	2점×5문제	/5	/10
문법	문제1	2점×16문제	/16	/32
	문제2	2점×5문제	/5	/10
	문제3	3점×5문제	/5	/15
	문제4	4점×3문제	/3	/12
독해	문제5	4점×2문제	/2	/8
	문제6	3점×1문제	/1	/3
	합계	120점		/120

		배점	정답수	점수
청해	문제1	3점×7문제	/7	/21
	문제2	3점×6문제	/6	/18
	문제3	3점×5문제	/5	/15
	문제4	1점×6문제	/6	/6
	합계	60점		/60

※이 채점표의 득점은 아스크출판편집부가 문제의 난이도를 판단하여 배점했습니다.

언어지식 (문자·어휘)

◆ 문자·어휘

※해설은 유사표현을 많이 알 수 있도록 알기 쉬운 일본어와 한국어를 병용하였습니다.

もんだい1

1 정답 : 4 あたらしい
新しい : 새롭다
🔊 2 やさしい : 친절하다
　3 たのしい : 즐겁다

2 정답 : 1 てんき
天気 : 날씨
🔊 3 電気 : 전기

3 정답 : 4 おもい
重い : 무겁다
🔊 1 おそい : 느리다/늦다
　2 多い : 많다
　3 とおい : 멀다

4 정답 : 3 ゆうめい
有名な : 유명한

5 정답 : 2 みみ
耳 : 귀
🔊 1 頭 : 머리
　3 足 : 다리
　4 目 : 눈

6 정답 : 3 ひだり
左 : 왼쪽
🔊 1 西 : 서쪽
　2 東 : 동쪽
　4 右 : 오른쪽

7 정답 : 4 ねえ
お姉さん・姉 : 누나
お兄さん・兄 : 형

8 정답 : 4 はいります
入ります : 들어갑니다
🔊 1 まいります : 갑니다/옵니다
　2 帰ります : 돌아갑니다
　3 いります : 필요합니다

9 정답 : 1 しゃちょう
社長 : 사장(님)

10 정답 : 4 はん
～時半 : ～시 반
🔊 1 ～分 : ～분
　3 ～本 : ～개

11 정답 : 1 ようか
八日 : 8일
🔊 2 四日 : 4일
　3 六日 : 6일
　4 九日 : 9일

12 정답 : 1 なか
～の中 : ～속

もんだい2

13 정답 : 3 パソコン
パソコン : 컴퓨터

14 정답 : 3 先生
先生 : 선생(님)

15 정답 : 2 開けます
開けます : 엽니다

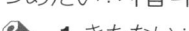 1 閉めます：닫습니다

16 정답：4 雨
雨：비

17 정답：2 金
金曜日：금요일

18 정답：4 母
母：어머니
 1 百：백
2 白：하얀색/백색

19 정답：1 食べます
食べます：먹습니다

20 정답：4 休みます
休みます：쉽니다

もんだい3

21 정답：2 テレビ
テレビ：텔레비전
ニュース：뉴스
 1 ボタン：버튼
3 フォーク：포크
4 ギター：기타

22 정답：2 かりて
借ります：빌립니다
 1 かかります：(시간/돈)걸립니다
3 かぶります：(머리에)씁니다
4 帰ります：(집에) 돌아갑니다

23 정답：4 うわぎ
上着：겉옷/외투
 1 めがね：안경
2 くつ：신발
3 ぼうし：모자

24 정답：1 およぎました
泳ぎます：헤엄칩니다
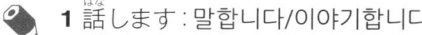 2 むかえます：향합니다/맞이합니다
3 生まれます：태어납니다
4 送ります：보냅니다

25 정답：1 だい
～だい：～대
 2 ～まい：～장
3 ～ひき：～마리
4 ～こ：～가

26 정답：2 つめたい
つめたい：차갑다
 1 きたない：더럽다
3 長い：길다
4 いそがしい：바쁘다

27 정답：3 かけます
(電話を) かけます：(전화를) 겁니다
 1 話します：말합니다/이야기합니다
2 (電気を) つけます：(전기를)켭니다
4 はらいます：지불합니다

28 정답：4 どちら
どちら：어느쪽
 1 いつ：언제
3 どこ：어디

29 정답：3 じょうず
じょうずな：잘하는
 1 きれいな：깨끗한/예쁜
2 おいしい：맛있다
4 べんりな：편리한

30 정답：4 とらないで
～ないで ください：～하지 말아주세요
(写真を) とります：(사진을) 찍습니다
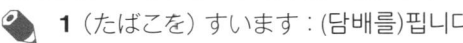 1 (たばこを) すいます：(담배를)핍니다
2 のぼります：오릅니다
3 ぬぎます：벗습니다

もんだい4

31 정답 : 1 しごとは 9じに はじまって 5じに おわります。

Aから Bまで：A부터 B까지
始まります：시작합니다
終わります：끝납니다
🍙 3・4 ～時間：~시간

32 정답 : 2 せんせいは いま がっこうに いません。

もう：이미
🍙 1 まだ：아직
　4 ときどき：가끔

33 정답 : 1 ちちの ちちは けいさつかんです。

そふ：조부/할아버지
けいさつかん：경찰관
父：아버지
🍙 2 母：어머니
　3 きょうだい：형제
　4 りょうしん：부모님

34 정답 : 3 いもうとは いつも ひまじゃ ありません。

妹：여동생
毎日：매일
いそがしい：바쁘다
🍙 1・2 ときどき：가끔
　3・4 いつも：항상
　1 にぎやかな：번화한
　2 たのしい：즐겁다
　4 へたな：잘 못하는

35 정답 : 1 かなさんは あいさんに おもしろい DVDを かしました。

かなさん→ [DVD] →あいさん
Aは Bに ～を 借ります：A는 B에게 ~을 빌립니다
Bは Aに ～を 貸します：B는 A에게 ~를 빌려줍니다
おもしろい：재미있다
🍙 2・4 Aは Bに ～を もらいます：A는 B에게 ~를 받습니다

언어지식 (문법) · 독해

◆ 문법

もんだい1

1 정답 : 2 に
[時間] +に : [시간]+에
れい　毎朝 9時に 起きます。

2 정답 : 3 を
[場所] +を : 장소를 통과하는 것을 나타낸다
れい　公園を さんぽします。

3 정답 : 2 で
～で 何が いちばん 好きですか : ~에서 무엇을 가장 좋아합니까?
れい　この クラスで だれが いちばん せが 高いですか。

4 정답 : 4 や
Aや B : 대표적인 것을 예로 든다
れい　ひきだしの 中に はさみや ペンが あります。

5 정답 : 3 の
Aの B : B에 대하여 설명이나 정보(A)를 더한다
れい　日本語の 本／女の 先生

6 정답 : 2 ね
ね : 「공감」을 나타낸다
れい　A「暑いですね。」B「そうですね。」

7 정답 : 3 この
この+[名詞] : 이+[명사]
れい　この カレーは からいです。

8 정답 : 4 あまり
あまり ～ない : 그다지 ~않다

れい　きょうは あまり さむくない。

9 정답 : 4 も
Aは ～です。Bも ～です。: B가 A와 같은 성질이 있는 것을 나타낸다
れい　木村さんは 日本人です。田中さんも 日本人です。

10 정답 : 1 あそびに
[動詞ます形] －に 行きます : [동사ます형]+에 갑니다
れい　海へ およぎに 行きます。

11 정답 : 2 どの
どの+[名詞] : 어느+[명사]
れい　どの 本を 買いますか。

12 정답 : 3 どのぐらい
どのぐらい : 얼마나/어느 정도
れい　A「大学まで どのぐらい かかりますか。」B「1時間ぐらいです。」

13 정답 : 3 だれも
だれも ～ません : 아무도 ~않습니다
れい　まだ だれも 来ません。

14 정답 : 1 なにに
～に します : 하나를 선택할 때 사용한다
れい　お昼ごはんは サンドイッチに します。

15 정답 : 4 かぶっている
～を かぶります : (머리에)~를 씁니다
～ている 人 : 그 사람의 옷이나 몸에 관련된 것을 설명한다
れい　A「ダンさんは どの 人 ですか。」B「黒い セーターを 着ている 人です。」

16 정답 : 2 おねがいします
よろしく おねがいします : 처음 만난 사람에게 하는 인사

もんだい2

17 정답 : 3
大学　2の　4べんきょう　3は　1どう　ですか。
~は どうですか : ~는 어떻습니까?

18 정답 : 1
わたしは日本の　2うた　4を　1うたう　3の　がすきです。
[動詞辞書形] ＋のが 好きです : [동사사전형]＋하는 것을 좋아합니다
歌 : 노래
歌う : 노래하다

19 정답 : 3
山川さんは　1おんがくを　4きき　3ながら　2しゅくだいを　しています。
A [動詞ます形] ＋ながら＋B [動詞] : A[동사ます형]＋하면서＋B[동사]
宿題 : 숙제

20 정답 : 4
この　3教室　1では　4たばこ　2を　すわないでください。
~ないで ください : ~하지 말아주세요

21 정답 : 4
りょこうのとき、　2ふるい　1おてらへ　4行ったり　3スキーを　したりしました。
~たり、~たり : ~하거나 ~하거나

もんだい3

22 정답 : 2 に
[場所] ＋に : 사람이 있는 장소나 물건이 있는 장소를 나타낸다

23 정답 : 1 でも
でも : 하지만
2 もっと : 더욱
3 では : 그러면
4 あとで : 다음에

24 정답 : 4 働いて います
일을 나타낼 때 「~て います」를 사용한다.
れい　銀行で 働いて います。[仕事（일）]
　　　今 ごはんを 食べて います。[動作の 進行（동작의 진행）]

25 정답 : 3 休みでした
「어제」이므로 과거의 의미를 나타내는 표현을 사용한다.

26 정답 : 2 会いたいです
また : 다시 / 또
れい　また 遊びに 来て ください。
~たいです : ~하고 싶습니다
れい　のどが かわきましたから、水が 飲みたいです。

◆ 독해

もんだい4

(1) 27 정답 : 3

> わたしは 子どもの とき、きらいな 食べものが ありました。にくと やさいは 好きでしたが、**さかなは 好きじゃ ありませんでした**。今は、さかな料理も 大好きで、よく 食べます。でも、今 ダイエットを していますから、あまいものは 食べません。

さかなは 好きじゃ なかった=さかなが きらいだった

 기하자!
- □ にく : 고기
- □ やさい : 야채/채소
- □ さかな : 물고기/생선
- □ ダイエット : 다이어트
- □ あまいもの : 단 것

(2) 28 정답 : 4

> コウさんへ
> 　映画の チケットが 2まい あります。いっしょに 行きませんか。
> 　場所は、駅の 前の 映画館です。今週の 土曜日か 日曜日に 行きたいです。
> 　**コウさんは いつが いいですか。電話で 教えて ください。**
> 　　　　　　　　　　　　　　　　　　　　　メイ

메이 씨에게 전화를 걸어 언제 가고싶은지 말한다.

 기하자!
- □ 映画 : 영화
- □ チケット : 티켓
- □ 映画館 : 영화관
- □ 教えます : 가르칩니다

(3) 29 정답 : 3

> Aクラスの みなさんへ
>
> 高木先生が 病気に なりました。今日の 午後の 授業は ありません。
>
> あしたは 午後から 授業が あります。**あさっては 午前だけ 授業が あります。**
>
> **あさっての 授業で かんじの テストを します**から、テキストの 21ページから 23ページまでを べんきょうして ください。
>
> 12月15日
>
> ASK日本語学校

한자 테스트는 모레 오전에 한다.

오늘은 12월 15일이므로 모레는 12월 17일.

⭐ 암기하자!
- □病気に なります : 아픕니다
- □午後 : 오후
- □授業 : 수업
- □あさって : 모레
- □午前 : 오전
- □テキスト : 교과서

もんだい 5

30 정답 : 2　**31** 정답 : 2

　　　　　　　ルカさんと　出かけました
　　　　　　　　　　　　　　　　　　　リン・ガク

　先週の　日曜日、朝ごはんを　食べた　あとで、おべんとうを　作りました。わたしは　料理が　好きですから、いつも　じぶんで　ごはんを　作ります。それから、ルカさんと　会って、いっしょに　海へ　およぎに　行きました。わたしは　たくさん　およぎました。でも、ルカさんは　①およぎませんでした。**30**「きのう　おそくまで　おきて　いましたから、ねむいです。」と言って、休んで　いました。そのあと、わたしが　作った　おべんとうを　いっしょに　食べました。

　ルカさんは　来週　たんじょうびですから、プレゼントを　あげました。電車の　本です。ルカさんは、電車が　好きで、いつも　電車の　話を　しますが、わたしは　よく　わかりません。きのう、図書館で　②電車の　本を　かりました。**31**この本を　読んで、ルカさんと　電車の　話を　したいです。

30 어제 늦게까지 일어나 있어 졸리다. 그러므로 수영하지 않았다.

31 루카 씨와 전철 이야기를 하고 싶다. 그러므로 전철에 관한 책을 빌렸다.

암기하자!

- おべんとう : 도시락
- 泳ぎます : 수영하다 / 헤엄치다
- 誕生日 : 생일
- 電車 : 전철
- あまり わかりません : 잘 모릅니다
- 図書館 : 도서관
- 借ります : 빌립니다

もんだい6

32 정답：2

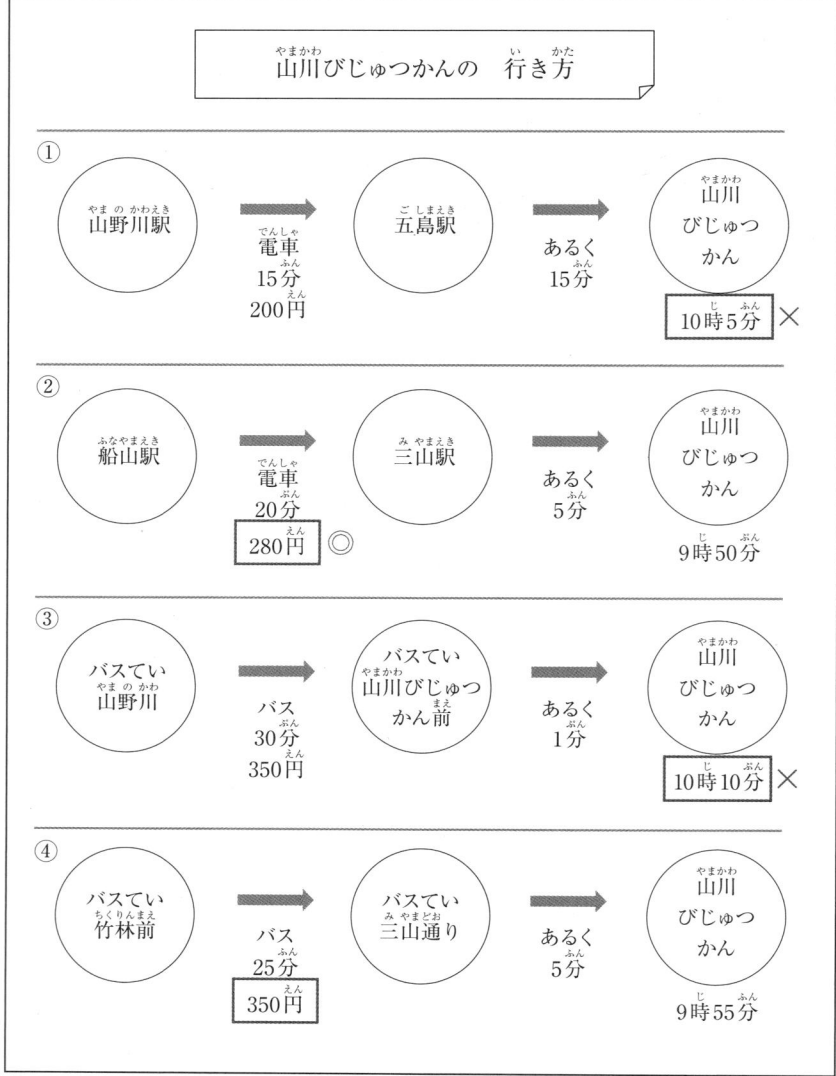

10시 까지 가고 싶다
→ ①과 ③은 ×

저렴한 편이 좋다
→ ④보다 ②가 저렴하다

⭐ 암기하자!
- □ 美術館 : 미술관
- □ 行き方 : 가는 법
- □ バスてい : 버스 정류장

청해

もんだい1

れい 정답：4 🔊 N5_1_03

男の人と女の人が話しています。女の人は、明日まずどこへ行きますか。

M：明日、映画を見に行きませんか。

F：すみません。明日はアメリカから友だちが来ますから、ちょっと…。

M：そうですか。空港まで行きますか。

F：いいえ、電車の駅で会います。それから、いっしょに動物園へ行きます。

女の人は、明日まずどこへ行きますか。

1ばん 4 🔊 N5_1_04

女の人と男の人が話しています。女の人ははじめに何をしますか。

F：すみません。パスポートを作りたいんですが…。

M：では、この紙に名前と住所などを書いてください。それから、3階の受付に行ってください。写真を持ってきましたか。

F：あ、家にわすれました。

M：では、<u>書く前に、2階で写真をとってください。</u>

F：はい、わかりました。

女の人ははじめに何をしますか。

먼저 사진을 찍는다. 그 다음에 종이에 적는다.

★암기하자!

☐ パスポート：여권
☐ 紙：종이
☐ 住所：주소
☐ 受付：접수처
☐ 写真を とります：사진을 찍습니다

2ばん　정답：3　　　🔊 N5_1_05

会社で、女の人と男の人が話しています。女の人は何を買ってきますか。

F：おなかがすきましたね。みんなの昼ごはんを買ってきましょうか。

M：えっ、いいですか。ありがとうございます。

F：私はサンドイッチを食べます。中村さんもサンドイッチですか。

M：私はおにぎりがいいです。田中さんと山下さんは、おべんとうがいいと思います。

F：わかりました。じゃ、行ってきます。

女の人は何を買ってきますか。

여성：샌드위치

남성 (나카무라 씨)：삼각김밥

다나카 씨와 야마시다 씨：도시락×2

⭐ 암기하자!

☐ おなかが すきます：배가 고픕니다
☐ サンドイッチ：샌드위치
☐ おにぎり：오니기리/삼각김밥/주먹밥
☐ おべんとう：도시락

3ばん　정답：3　　　🔊 N5_1_06

学校で、男の学生と女の先生が話しています。男の学生は本をどこに置きますか。

M：先生、日本語の本を返します。どうもありがとうございました。

F：いいえ。じゃあ、たなの中にもどしてください。

M：はい。時計の下のたなでいいですか。

F：あ、すみません。次の授業でリーさんに貸しますから、私のつくえの上に置いてください。

M：わかりました。

男の学生は本をどこに置きますか。

남학생은 선생님 책상 위에 책을 둔다.

⭐ 암기하자!

☐ 置きます：둡니다　※사전형은「置く」

□返します: 돌려드립니다
□たな: 선반
□もどします: 돌려드립니다
□貸します: 빌려줍니다
□つくえ: 책상

4ばん　정답 : 2　　　◆) N5_1_07

教室で、先生が学生に話しています。学生は、明日何時に教室へ行きますか。

F: 明日のテストは、1ばんの教室でです。10時半まではほかのクラスが使います。**このクラスは11時からです。**テストの説明をしますから、**テストが始まる10分前に教室へ来てください。**

学生は、明日何時に教室へ行きますか。

— 11시부터 시험이 시작된다.
— 테스트가 시작하기 10분 전=10시 50분

★ 암기하자!
□教室: 교실
□使います: 사용합니다
□説明を します: 설명을 합니다

5ばん　정답 : 2　　　◆) N5_1_08

男の人と女の人が話しています。男の人はどこへ行きますか。

M: すみません。銀行に行きたいんですが…。
F: 銀行ですか。まず、この道をまっすぐ行ってください。**あそこにデパートがありますね。あの道を右にまがってください。花屋のとなりにありますよ。**
M: わかりました。ありがとうございます。

男の人はどこへ行きますか。

— 백화점이 있는 교차로에서 오른쪽으로 돈다. 꽃가게 옆에 있다.

★ 암기하자!
□銀行: 은행
□デパート: 백화점
□右に まがります: 오른쪽으로 돕니다
□花屋: 꽃가게

□ ~の となり : ~의 옆

6ばん　정답 : 2　　　　　　　🔊 N5_1_09

電話で、レストランの人と男の人が話しています。男の人はいつレストランへ行きますか。

F : お電話ありがとうございます。さくらレストランです。

M : あのう、**明日の7時に3人で予約をしたいんですが…**。　　— 내일=월요일

F : **申し訳ありません。毎週月曜日はお休みです。火曜日か水曜日**はどうですか。

M : うーん、**水曜日はちょっと…。あさっての7時はどうですか。**　— 모레=화요일

F : **はい、だいじょうぶです。あさっての7時ですね。**

M : はい。よろしくおねがいします。

男の人はいつレストランへ行きますか。

□ 予約 : 예약
□ だいじょうぶ : 「문제없다」라는 의미.

7ばん　정답：1　　　🔊 N5_ _10

花屋で、お店の人と男の人が話しています。男の人はどれを買いますか。

F：いらっしゃいませ。

M：あのう、花を買いたいんですが。

F：お誕生日のプレゼントですか。

M：はい。友だちの誕生日です。

F：では、この大きい花はどうですか。とてもきれいですよ。

M：そうですね。じゃあ、**それを2本ください。** ── 큰 꽃을 2송이, 작은

F：あ、こちらの小さい花もいっしょにどうですか。もっときれいですよ。　　　　　　　　　　　　　　　　　꽃을 3송이 산다.

M：そうですね。じゃあ、**小さい花も3本ください。**

F：わかりました。ありがとうございます。

男の人はどれを買いますか。

⭐ 암기하자!

□ 花屋：꽃가게
□ 誕生日：생일
□ もっと：더욱

もんだい2

れい　정답：3　　　　　　　　　　　　　🔊 N5_1_12

学校で、男の学生と女の先生が話しています。男の学生はいつ先生と話しますか。

M：先生、レポートのことを話したいです。

F：そうですか。これから会議ですから、3時からはどうですか。

M：すみません、3時半からアルバイトがあります。

F：じゃあ、明日の9時からはどうですか。

M：ありがとうございます。おねがいします。

F：10時からクラスがありますから、それまで話しましょう。

男の学生はいつ先生と話しますか。

1ばん　정답：2　　　　　　　　　　　　🔊 N5_1_13

デパートで、男の人とお店の人が話しています。男の人のかばんはどれですか。

M：すみません。このお店にかばんをわすれましたが、知りませんか。

F：どんなかばんですか。

M：**黒くて大きいかばんです。**

F：かばんの中に何が入っていますか。

M：カギと手紙とペンが入っています。あ、**ペンはポケットに入っていますから、カギと手紙だけです。** ── 가방에는 열쇠와 편지가 들어 있다.

F：こちらのかばんですか。

M：あ、はい。ありがとうございます。

男の人のかばんはどれですか。

⭐ 암기하자!

☐ かばん：가방
☐ カギ：열쇠

□手紙：편지
□ポケット：주머니

2ばん　정답：4　　　　　　　　🔊 N5_1_14

女の人と男の人が話しています。二人は明日何をしますか。

F：ミンクさん、明日の午後、一緒にプールへ泳ぎに行きませんか。

M：すみません、明日は朝、田中さんとテニスをしてから、レストランへ行きます。ちょっとつかれますから、**プールじゃなくて、公園をさんぽしませんか。**

F：いいですね。じゃ、明日の午後、会いましょう。

二人は明日何をしますか。

지치므로 수영하고 싶지 않다. 산책이 좋다.

□プール：수영장
□さんぽします：산책합니다

3ばん　정답：4　　　　　　　　🔊 N5_1_15

学校で、先生が学生に話しています。学生は、明日何を持って行きますか。

F：明日はみんなで美術館に行きます。学校からバスで行きますから、チケットを買う**お金を持ってきてください。**それから、美術館の人のお話を聞きますから、**ペンとノートもいります。**写真をとってはいけませんから、**カメラは持ってこないでくださいね。食べものや飲みものもだめです。**

学生は、明日何を持って行きますか。

가지고 가는 것：돈, 펜, 노트

가지고 가지 않을 것：카메라, 음식, 음료

□美術館：미술관
□チケット：티켓
□いります：필요합니다

4ばん　정답：1　　　　　　　　　🔊 N5_1_16

女の人と男の人が話しています。女の人は、お父さんの誕生日プレゼントに何を買いますか。

F：来週、父の誕生日です。誕生日プレゼントは、何がいいと思いますか。

M：時計はどうですか。いいお店を知っていますよ。

F：**時計ですか…。ちょっと高いですね。** ── 시계：비싸다

M：じゃあ、お酒はどうですか。お父さん、好きなワインはありますか。

F：**父はお酒があまり好きじゃないから…。** ── 술：그다지 좋아하지 않는다

M：うーん…、おさいふやネクタイとかは？

F：そうですね。**この前、新しいネクタイがほしいと言っていました** ── 넥타이를 산다.
　　から、それにします。

女の人は、お父さんの誕生日プレゼントに何を買いますか。

⭐암기하자!
☐時計：시계
☐お酒：술
☐ワイン：와인
☐さいふ：지갑
☐ネクタイ：넥타이

5ばん　정답：1　　　　　　　　　🔊 N5_1_17

男の人と女の人が話しています。男の人の妹は、どんな仕事をしていますか。

M：木村さんは何人家族ですか。

F：私は父と母と姉の4人家族です。田中さんは？

M：私は6人家族で、兄と弟と妹がいます。兄は病院で働いています。弟は電気の会社で働いていて、**妹は外国人に日本語を** ── 남성의 여동생은 일본어 선생님.
　　教えています。

F：そうですか。私の姉は、銀行で働いていますよ。

男の人の妹は、どんな仕事をしていますか。

암기하자!

- □ 病院 : 병원
- □ 働きます : 일합니다
- □ 電気の会社 : 전기회사
- □ 外国人 : 외국인
- □ 銀行 : 은행

6ばん　정답 : 1　　🔊 N5_1_18

学校で、女の先生と男の学生が話しています。学生はどうして授業におくれましたか。

F : リンさん、どうして授業におくれましたか。

M : 先生、すみません。

F : おなかがいたいですか。

M : いいえ、元気です。

F : では、どうしてですか。

M : **今日は雨ですから、自転車に乗りませんでした。電車に乗りましたが、はじめてでしたから、駅から学校までの道がわかりませんでした。**

学生はどうして授業におくれましたか。

— 학교까지 가는 길을 몰라서 늦었다.

암기하자!

- □ ~に おくれます : ~에 늦습니다
- □ おなかが 痛いです : 배가 아픕니다
- □ 自転車 : 자전거
- □ 道 : 길

もんだい3

れい　정답：1　　🔊 N5_1_20

朝、学校で先生に会いました。何と言いますか。

F：1　おはようございます。
　　2　おやすみなさい。
　　3　おつかれさまでした。

1ばん　정답：1　　🔊 N5_1_21

友だちが家に遊びに来ました。何と言いますか。

M：1　どうぞ入ってください。
　　2　どうぞ来てください。
　　3　どうぞ行ってください。

2ばん　정답：2　　🔊 N5_1_22

朝、学校に行きます。家の人に何と言いますか。

F：1　さようなら。
　　2　いってきます。
　　3　おつかれさまです。

3ばん　정답：2　　🔊 N5_1_23

友だちが元気がないです。何と言いますか。

F：1　どうしましょうか。
　　2　どうしましたか。
　　3　どうしますか。

元気が ない：기운이 없다

4ばん　정답：3　　🔊 N5_1_24

友だちに旅行の写真を見せたいです。何と言いますか。

M：1　これ、見ないでください。
　　2　これ、見せてください。
　　3　これ、見てください。

見ます：봅니다
て형은「見て」, ない형은「見ない」
見せます：보여줍니다
て형은「見せて」, ない형은「見せない」

5ばん　정답：1　　🔊 N5_1_25

学校から家に帰りました。家の人に何と言いますか。

M：1　ただいま。
　　2　いらっしゃい。
　　3　おかえりなさい。

もんだい 4

れい　정답 : 2　🔊 N5_1_27

F : お名前は。
M : 1　18さいです。
　　 2　田中ともうします。
　　 3　イタリア人です。

1ばん　정답 : 2　🔊 N5_1_28

F : もう晩ごはんを食べましたか。
M : 1　いいえ、もう食べません。
　　 2　いいえ、まだです。
　　 3　はい、食べます。

もう : 이미 / 다시
まだ : 아직

2ばん　정답 : 1　🔊 N5_1_29

M : 手つだいましょうか。
F : 1　いいえ、けっこうです。
　　 2　はい、手つだっています。
　　 3　どういたしまして。

けっこうです = 手つだわなくて いいです / 一人で だいじょうぶです (도와주지 않아도 좋습니다 / 혼자서 괜찮습니다)

3ばん　정답 : 1　🔊 N5_1_30

F : 今、いそがしいですか。
M : 1　そうですね。少しいそがしいです。
　　 2　そうですね。いそがしかったです。
　　 3　そうですね。いそがしくなかったです。

「今、~ですか。」だから、2と3は×。
(「지금, ~입니까?」이므로 2와 3은 ×)

4ばん　정답 : 2　🔊 N5_1_31

M : いつアメリカへ行きましたか。
F : 1　友だちと行きました。
　　 2　去年行きました。
　　 3　飛行機で行きました。

いつ : 언제
飛行機 : 비행기

5ばん　정답 : 3　🔊 N5_1_32

F : 何を買いたいですか。
M : 1　10万円です。
　　 2　デパートで買います。
　　 3　カメラがほしいです。

買いたいです = ほしいです (사고 싶습니다)

6ばん　정답：3　　🔊 N5_1_33

M：それ、借りてもいいですか。
F：1　いいえ、借りません。
　　2　はい、借りますよ。
　　3　はい、どうぞ。

借ります：빌립니다

〜ても いいですか：〜해도 좋습니까？

제2회 해답·해설

정답	050
채점표와 분석	053
해답·해설	
언어지식 (문자·어휘)	054
언어지식 (문법)	057
독해	059
청해	063

필승합격 모의고사 해답용지

N5 げんごちしき (もじ・ごい)

第2回

じゅけんばんごう / Examinee Registration Number

なまえ / Name

〈ちゅうい Notes〉

1. くろいえんぴつ (HB、No.2) でかいてください。
   Use a black medium soft (HB or No.2) pencil.
   (ペンやボールペンではかかないでください。)
   (Do not use any kind of pen.)
2. かきなおすときは、けしゴムできれいにけしてください。
   Erase any unintended marks completely.
3. きたなくしたり、おったりしないでください。
   Do not soil or bend this sheet.
4. マークれい Marking Examples

よいれい Correct Example	わるいれい Incorrect Examples
●	⊗ ○ ◐ ◍ ⊖ ◉

もんだい1

	1	2	3	4
1	①	●	③	④
2	①	●	③	④
3	●	②	③	④
4	①	②	●	④
5	①	②	●	④
6	●	②	③	④
7	①	②	③	●
8	①	②	●	④
9	①	②	●	④
10	①	②	●	④
11	①	②	③	●
12	①	②	●	④

もんだい2

	1	2	3	4
13	①	●	③	④
14	①	●	③	④
15	①	●	③	④
16	①	②	③	●
17	①	②	③	●
18	①	②	③	●
19	①	②	③	●
20	①	●	③	④

もんだい3

	1	2	3	4
21	①	②	●	④
22	①	②	●	④
23	●	②	③	④
24	①	②	●	④
25	①	●	③	④
26	①	②	●	④
27	①	②	●	④
28	①	②	●	④
29	①	②	●	④
30	①	●	③	④

もんだい4

	1	2	3	4
31	①	②	③	●
32	①	●	③	④
33	①	②	③	●
34	①	②	③	●
35	①	●	③	④

필승합격 모의고사 해답용지

N5 げんごちしき (ぶんぽう)・どっかい

第2回

じゅけんばんごう / Examinee Registration Number

なまえ / Name

〈ちゅうい Notes〉

1. くろいえんぴつ (HB、No.2) でかいてください。
   Use a black medium soft (HB or No.2) pencil.
   (ペンやボールペンではかかないでください。)
   (Do not use any kind of pen.)
2. かきなおすときは、けしゴムできれいにけしてください。
   Erase any unintended marks completely.
3. きたなくしたり、おったりしないでください。
   Do not soil or bend this sheet.
4. マークれい Marking Examples

よいれい Correct Example	わるいれい Incorrect Examples
●	⊗ ○ ◯ ◉ ⊕ ◐

もんだい1

	1	2	3	4
1	①	②	●	④
2	①	●	③	④
3	①	②	③	●
4	①	②	●	④
5	①	●	③	④
6	①	②	●	④
7	①	②	●	④
8	①	●	③	④
9	①	②	●	④
10	①	②	●	④
11	①	●	③	④
12	①	②	●	④
13	①	②	●	④
14	①	●	③	④
15	①	●	③	④
16	①	②	●	④

もんだい2

	1	2	3	4
17	①	②	③	●
18	①	②	●	④
19	①	②	●	④
20	①	②	③	●
21	①	②	③	●

もんだい3

	1	2	3	4
22	①	②	③	●
23	●	②	③	④
24	①	②	③	●
25	●	②	③	④
26	①	②	③	●

もんだい4

	1	2	3	4
27	①	②	③	●
28	●	②	③	④
29	①	②	③	●

もんだい5

	1	2	3	4
30	●	②	③	④
31	①	②	●	④

もんだい6

	1	2	3	4
32	①	②	③	●

필승합격 모의고사 해답용지

N5 ちょうかい 第2回

じゅけんばんごう
Examinee Registration Number

なまえ
Name

〈ちゅうい Notes〉

1. くろいえんぴつ (HB、No.2) でかいて ください。
   Use a black medium soft (HB or No.2) pencil.
   (ペンやボールペンではかかないでください。)
   (Do not use any kind of pen.)
2. かきなおすときは、けしゴムできれいにけしてください。
   Erase any unintended marks completely.
3. きたなくしたり、おったりしないでください。
   Do not soil or bend this sheet.
4. マークれい Marking Examples

よいれい Correct Example	わるいれい Incorrect Examples
●	⊘ ◯ ◯ ◯ ◯ ⊗

もんだい1

れい	①	②	③	●
1	①	②	●	④
2	①	②	●	④
3	①	②	③	●
4	①	●	③	④
5	①	●	③	④
6	①	②	③	●
7	①	②	●	④

もんだい2

れい	①	②	③	●
1	①	②	●	④
2	①	②	●	④
3	①	●	③	④
4	①	●	③	④
5	●	②	③	④
6	①	②	●	④

もんだい3

	①	②	③
れい	●	②	③
1	●	②	③
2	●	②	③
3	①	②	●
4	①	●	③
5	①	●	③

もんだい4

	①	②	③
れい	●	②	③
1	●	②	③
2	①	●	③
3	①	●	③
4	①	●	③
5	●	②	③
6	●	②	③

제2회 채점표와 분석

		배점	정답수	점수
문자·어휘	문제1	1점×12문제	/12	/12
	문제2	1점×8문제	/8	/8
	문제3	1점×10문제	/10	/10
	문제4	2점×5문제	/5	/10
문법	문제1	2점×16문제	/16	/32
	문제2	2점×5문제	/5	/10
	문제3	3점×5문제	/5	/15
	문제4	4점×3문제	/3	/12
독해	문제5	4점×2문제	/2	/8
	문제6	3점×1문제	/1	/3
	합계	120점		/120

		배점	정답수	점수
청해	문제1	3점×7문제	/7	/21
	문제2	3점×6문제	/6	/18
	문제3	3점×5문제	/5	/15
	문제4	1점×6문제	/6	/6
	합계	60점		/60

※이 채점표의 득점은 아스크출판편집부가 문제의 난이도를 판단하여 배점했습니다.

언어지식 (문자・어휘)

◆ 문자・어휘

※해설은 유사표현을 많이 알 수 있도록 알기 쉬운 일본어와 한국어를 병용하였습니다.

もんだい1

1 2 がいこく
外国 : 외국

2 2 くがつ
九月 : 9월

3 2 はな
花 : 꽃
- 1 顔 : 얼굴
- 3 木 : 나무
- 4 空 : 하늘

4 4 こないで
来ます : 옵니다
※사전형은「来る」, ない형은「来ない」

5 3 あし
足 : 다리
- 1 うで : 팔
- 2 頭 : 머리
- 4 首 : 목

6 2 かわ
川 : 강
- 1 いけ : 연못
- 3 家 : 집
- 4 道 : 길

7 1 たかい
高い : 비싸다/높다
山 : 산
- 2 広い : 넓다
- 3 きれいな : 깨끗한/예쁜
- 4 遠い : 멀다

8 3 なんぼん
何本 : 몇 개

9 3 きた
北 : 북쪽
- 1 東 : 동쪽
- 2 西 : 서쪽
- 4 南 : 남쪽

10 3 うえ
~の上 : ~의 위
- 1 ~の前 : ~의 앞
- 2 ~の横 : ~의 옆
- 4 ~の下 : ~의 아래

11 1 せんげつ
先月 : 지난 달

12 4 でます
出ます : 나갑니다
- 1 います : 있습니다
- 2 します : 합니다
- 3 寝ます : 잡니다

もんだい2

13 1 アイスクリーム
アイスクリーム : 아이스크림

14 4 夜
夜 : 밤
- 1 朝 : 아침
- 2 昼 : 낮
- 3 夕方 : 저녁

15 3 話します
話します : 말합니다 / 이야기합니다
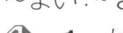 1 読みます : 읽습니다

16 1 見て
見ます : 봅니다

17 4 中
〜の中 : 〜의 속/안

18 4 同じ
同じ : 같다

19 4 書きます
書きます : 씁니다

20 1 来週
来週 : 다음주
 3 今週 : 이번주
　　 4 先週 : 지난주

もんだい3

21 4 まい
〜まい : 〜장
 1 〜はい : 〜잔
　　 2 〜さつ : 〜권
　　 3 〜だい : 〜대

22 4 おります
(電車を) おります : (전철을) 내립니다
1 とおります : 지나갑니다
2 (写真を) とります : (사진을) 찍습니다
3 (電車に) のります : (전철을) 탑니다

23 1 しめて
(まどを) 閉めます : (창문을) 닫습니다
2 入れます : 넣습니다
3 (電気を) つけます : (전기를) 켭니다
4 (電気を) けします : (전기를) 끕니다

24 4 げんきな
元気な : 건강한
 1 かんたんな : 간단한
　　 2 むりな : 무리한
　　 3 べんりな : 편리한

25 3 エアコン
エアコン : 에어컨
 1 スプーン : 스푼/숟가락
　　 2 コンビニ : 편의점
　　 4 デザイン : 디자인

26 4 わすれました
わすれます : 잊습니다
しゅくだい : 숙제
 1 はらいます : 지불합니다
　　 2 ひきます : 당깁니다/연주합니다
　　 3 まけます : 집니다

27 3 からい
からい : 맵다
 1 まるい : 동그랗다
　　 2 強い : 강하다
　　 4 弱い : 약하다

28 2 べんきょう
勉強 : 공부
 1 そうじ : 청소
　　 3 食事 : 식사
　　 4 せんたく : 빨래

29 2 かさ
かさ : 우산
こまります : 곤란합니다
 1 めいし : 명사/명함
　　 3 写真 : 사진
　　 4 時計 : 시계

30 4 わたって
わたります : 건넙니다

道：길
　1 切ります：자릅니다
　　　2 持ちます：가집니다/쥡니다
　　　3 作ります：만듭니다

もんだい4

31 2 きのうの　よるから　あめが　ふって います。
夕べ：어젯밤＝きのうの 夜

32 1 きょうしつは　せまいです。
せまい：좁다
　2 大きい：크다
　　　3 近い：가깝다
　　　4 明るい：밝다

33 3 あした　しごとに　いきます。
仕事：일/업무
仕事は 休みでは ありません＝仕事に 行きます (일은 휴일이 아닙니다＝일하러 갑니다)

34 3 このまちは　にぎやかじゃ　ありません。
しずかな：조용한
　1 きれいな：깨끗한/예쁜
　　　2 つまらない：지루한
　　　4 じょうぶな：튼튼한

35 2 ともだちを　くうこうへ　つれていき ました。
(～を) 送ります：(～을/를)보냅니다＝(～を) つれていきます (～을/를)데려 갑니다.
空港：공항
　　　1 一人で：혼자서
　　　4 ～に 会います：～와 만납니다

언어지식(문법)·독해

◆ 문법

もんだい1

1 2 に
[場所]+に：[장소]+에
れい　トイレは 2階に あります。
~の そば：~의 옆

2 1 の
AのB：Bについて、所有や 性質（A）を 加える。(B에 대하여 소유나 성질(A)을 더하다)
れい　これは 会社の パソコンです。

3 4 から
~て から：~한 후
れい　おふろに 入ってから 寝ます。

4 3 まで
[時間]+まで：[시간]+까지
れい　6時まで 仕事を します。

5 2 に
[名詞]+に 行きます：[명사]+에 갑니다
れい　友だちと スキーに 行きます。

6 3 か
AかB：A 또는 B
れい　1月か 2月に 国へ 帰ります。

7 4 ひまな
「とき」は 名詞だから、「~な」の 形に する。(「とき」는 명사이므로 「~な」의 형태로 만든다)
れい　有名な レストランへ 行きました。

8 3 だけ
~だけ：~만
れい　りんごを 1つだけ 買いました。
~回：~회/~번

9 3 だれの
だれの：누구의
[人]+の+[名詞]：[사람]+의+[명사]
れい　A「これは だれの くつですか。」B「それは まいさんの (くつ)です。」
※「の」뒤의 [명사]는 생략할 수 있다.

10 1 かいて います
まだ ~て います：아직 ~하고 있습니다
れい　昼の12時ですが、まだ 寝て います。

11 2 どんな
どんな+[名詞]：어떤+[명사]
れい　東京は どんな まちですか。

12 2 まえに
[動詞辞書形]+まえに：[동사사전형]+전에
れい　友だちが 家に 来る まえに、料理を 作ります。

13 1 ぜんぜん
ぜんぜん ~ません：전혀~아닙니다
れい　きのうの テストは ぜんぜん わかりませんでした。

 2 ちょうど：조금
3 もういちど：다시 한 번
4 とても：매우

14 3 いません
「사람」에 대해서 말하고 있으므로 동사는 「あります」가 아니고 「います」를 사용한다.

れい 教室には だれも いません。【人】
はこの 中には 何も ありません。【もの】

15 1 食べませんか
~ませんか:~하지 않을래요?
れい 日曜日、いっしょに 買いものに 行きませんか。

16 4 いくらですか
점원이 다시 한 번 「450엔 입니다.」라고 말하고 있다. → 다나카 씨는 가격을 몰랐다.
いくらですか:얼마입니까?
 1 どちらですか:어디입니까?
2 なんじですか:몇 시입니까?
3 どなたですか:누구입니까?

もんだい2

17 3
わたしのへや 2は 4ふるい 3です 1が ひろいです。
~が、~:~이지만, ~(반대의 것을 말할 때 사용한다)
れい この レストランは 有名じゃないですが、とても おいしいです。

18 4
これは 2ことし 1の 4カレンダー 3じゃ ありません。
今年:올해
カレンダー:캘린더/달력

19 3
キムさんの 4いちばん 1たいせつな 3もの 2は 何ですか。
いちばん~:가장~/제일~

20 3
わたしのいもうと 4は 2かみ 3が 1ながい です。
AはBが~:A는 B가~
れい 今日は 天気が いいです。

21 4
この しゅくだいは 2火曜日 1まで 4に 3出して ください。
宿題:숙제
~までに:~까지
れい 4時までに 電話を してください。

もんだい3

22 3 たくさん
たくさん:많이
 1 よく:자주
2 これから:앞으로
4 もうすぐ:곧

23 1 行きたいです
~たいです:~하고 싶습니다
れい 新しい パソコンを 買いたいです。

24 2 あまり
あまり ~ません:그다지~않습니다
れい 日本の うたは あまり うたいません。

25 1 でも
学校が ある 日は 勉強が いそがしいです ⇔ 夏休みは アニメを 見ました
でも:하지만
2 だから:그래서/그러므로
3 それから:그리고
4 それに:게다가

26 1 見ましょう
~ましょう:~합시다
れい いっしょに 昼ごはんを 食べましょう。

◆ 독해

もんだい 4

(1) 27 4

> 今日 学校の 前に 本やへ 行きました。 でも、わたしが 読みたい 本は ありませんでした。 それから、図書館へ 行って、本を かりました。 かりた本を きょうしつで 少し 読みました。 この 本は 来月 図書館に かえします。

— 서점에서는 책을 사지 않았다.
— 학교의 교실에서 책을 읽었다.

 기하자!
- 本屋 : 서점
- 図書館 : 도서관
- 借ります : 빌립니다
- 教室 : 교실
- 来月 : 다음 달
- 返します : 되돌려줍니다

(2) 28 1

> 学生の みなさんへ
>
> 来週の 月曜日は かんじの テストです。 テストは 10時40分から、142きょうしつで します。
>
> 9時から 10時35分までは 141きょうしつで ぶんぽうの じゅぎょうを します。
>
> じゅぎょうの あと、141きょうしつで 待っていて ください。 先生が 名前を よびに 行きます。

— 수업이 있으므로 9시에 학교에 간다. 그 후 교실에서 선생님을 기다린다.

 기하자!
- 名前を よびます : 이름을 부릅니다

(3) 29 1

> ファンさん
>
> 　きのう 家族から くだものを もらいましたから、ファンさんに あげたいです。ファンさんの へやに 持って 行っても いいですか。ファンさんが へやに いる 時間を 教えて ください。
>
> 　わたしは 今日 夕方まで 学校が ありますが、そのあとは ひまです。あしたの 夜は アルバイトが ありますが、昼までなら いつでも だいじょうぶです。
>
> 吉田

오늘 : 학교 마친 후는 한가하다

내일 : 점심까지 괜찮다

기하자!

☐ くだもの : 과일
☐ もらいます : 받습니다
☐ あげます : 줍니다
☐ ひまな : 한가한
☐ だいじょうぶな : 괜찮은

もんだい5

30 4　　**31** 2

日本の　テレビ

ワン・チェン

　わたしは　先月、友だちに　テレビを　もらいました。大きい　テレビです。日本に　来て　はじめて　テレビを　見ました。ニュースを　見ましたが、日本語が　むずかしくて　ぜんぜん　わかりませんでした。

　先週、テレビで　わたしの　町の　ニュースを　見ました。わたしの　町の　おまつりの　ニュースでした。**30****日本語は　むずかしかったですが、少し　わかりました。**とても　うれしかったです。

　わたしは、毎朝　テレビで　ニュースを　見て、ニュースの　日本語を　おぼえます。学校の　教科書に　ない　ことばも　おぼえます。日本語の　勉強が　できますから、とても　いいです。学校へ　行くときは、電車の　中で　スマホで　国の　ニュースを　見ます。国の　ニュースは　よく　わかりますから、たのしいです。

　31あしたは　学校が　休みですから、友だちが　わたしの　うちへ　来ます。友だちと　いっしょに　テレビで　日本の　ニュースを　見て　新しい　ことばを　勉強します。

---

30 일본어 뉴스를 조금 알아들어서 기뻤다.

31 내일 친구와 TV로 일본 뉴스를 보면서 일본어 단어를 공부한다.

□ニュース：뉴스
□おまつり：축제
□おぼえます：공부합니다
□教科書：교과서
□スマホ：스마트폰

もんだい6

32 3

さくら市　スポーツクラブの　お知らせ

　　さくら市の　スポーツクラブを　しょうかいします。
　　　　みんなで　スポーツを　しませんか。

★さくらＦＣ
　[金曜日の　夜に]✕　サッカーを　します。
　子どもから　おとなまで　いろいろな　人が　います！

★SAKURAバスケットチーム
　[土曜日の　10時から　12時まで]✕　バスケットボールを　しています。
　友だちも　たくさん　できますよ！

★バレーボールクラブ
　日曜日の　夕方に　たのしく　バレーボールを　しましょう！
　バレーボールを　したい人は　だれでも　だいじょうぶです！

★サクラテニス
　毎週、[日曜日の　朝に]✕　テニスを　します。
　はじめての　人にも　やさしく　おしえます！

월요일부터 금요일까지는 학교와 아르바이트가 있다. →축구는 ✕

토요일과 일요일 오전중은 공부를 한다. →농구와 테니스는 ✕

⭐암기하자!
☐紹介します：소개합니다
☐サッカー：축구
☐バスケットボール：농구
☐バレーボール：배구
☐テニス：테니스

청해

もんだい 1

れい 4　　　　　　　　　　🔊 N5_2_03

男の人と女の人が話しています。女の人は、明日まずどこへ行きますか。

M：明日、映画を見に行きませんか。

F：すみません。明日はアメリカから友だちが来ますから、ちょっと…。

M：そうですか。空港まで行きますか。

F：いいえ、電車の駅で会います。それから、いっしょに動物園へ行きます。

女の人は、明日まずどこへ行きますか。

1ばん　2　　　　　　　　　　🔊 N5_2_04

銀行で、銀行の人と男の人が話しています。男の人は、紙にどう書きますか。

F：この紙に、名前を書いてください。名前の下に、住所を書いてください。**住所は漢字で書いて、上にひらがなを書いてくださいね。**一番下には、電話番号を書いてください。 ← 주소는 한자와 히라가나로 적는다.

M：あのう、**名前は英語で書きますか。** ← 이름은 가타카나로 적는다.

F：**いいえ、カタカナでおねがいします。**

M：はい、わかりました。

男の人は、紙にどう書きますか。

⭐ 암기하자!

☐ 銀行 : 은행
☐ 住所 : 주소
☐ 電話番号 : 전화번호

□ 英語：영어

2ばん　4　　　🔊 N5_2_05

女の人と男の人が話しています。男の人は何を持って行きますか。

F：来週は、花見ですね。**私はおかしを持って行きますね。** ― 과자는 여성이 가지고 간다.

M：じゃあ、私は飲みものを持って行きます。飲みものは何がいいですか。

F：そうですね。じゃあ、**ジュースとお茶を2本ずつおねがいします。** ― 남성은 쥬스 두 병과 차를 두 병 가지고 간다.

M：わかりました。2本ずつですね。

男の人は何を持って行きますか。

⭐ 암기하자!
□ 花見：벚꽃구경
□ ～ずつ：～씩

3ばん　1　　　🔊 N5_2_06

男の人と女の人が話しています。男の人はどこへ行きますか。

M：すみません。近くに郵便局はありますか。

F：**あの大きい銀行、見えますか。あそこの交差点を左にまがっ** ― 은행을 왼쪽으로 돈다. 편의점 옆에 있다.
　て、少し歩きます。郵便局は、コンビニのとなりですよ。

M：あ、ありがとうございます。

男の人はどこへ行きますか。

⭐ 암기하자!
□ 郵便局：우체국
□ 銀行：은행
□ 交差点：교차로
□ まがります：돕니다

□コンビニ：편의점
□～の となり：～의 옆

4ばん　4　　　　　　　　　　　　　　　🔊 N5_2_07

病院で、医者と男の人が話しています。男の人は、今晩どのくすりを飲みますか。

F：うーん…、かぜですね。　くすりを出しますから、今晩から飲んでください。　ごはんのあとに、**この白くて小さいくすりを2つ、白くて大きいくすりを1つ飲んでください。**

M：わかりました。　この黒いくすりも飲みますか。

F：**黒いくすりは、明日の朝、飲んでください。**

M：わかりました。　ありがとうございます。

男の人は、今晩どのくすりを飲みますか。

― 오늘밤：희고 작은 약 ×2, 희고 큰 약 ×1

― 내일 아침：검은 약

⭐ 암기하자!
□医者：의사
□今晩：오늘밤
□くすりを 飲みます：약을 먹습니다
□白い：희다
□黒い：검다

5ばん　1　　　🔊 N5_2_08

電話で、お店の人と女の人が話しています。女の人はいつお店に行きますか。

M：お電話ありがとうございます。あおばカフェです。

F：すみません。昨日、お店でかさをわすれたと思います。黄色いかさ、ありませんでしたか。

M：えーと、黄色いかさですね…。ああ、ありますよ。

F：よかった。私のです。あのう、日曜日の夜、取りに行ってもいいですか。

M：申し訳ありません、**日曜日はお休みです。土曜日はどうですか。** ── 일요일은 쉬는 날이므로 토요일 오후에 우산을 가지러 간다.

F：**土曜日ですか。わかりました。お昼でもいいですか。**

M：**はい、だいじょうぶですよ。**

女の人はいつお店に行きますか。

⭐암기하자!
- □ かさ：우산
- □ 黄色い：노란

6ばん　4　　　🔊 N5_2_09

電話で、男の学生と女の先生が話しています。学生は学校ではじめに何をしますか。

M：先生、すみません。今起きました。

F：そうですか。じゃあ、はやく学校に来てください。

M：はい、すみません。

F：私はこれから、ほかのクラスで授業がありますから、**私のつくえの上に、宿題を出してください。それから、教室に行ってください。** ── 먼저 선생님 책상 위에 숙제를 제출한다. 그 후에 교실로 간다.

M：はい、わかりました。すみませんでした。

学生は学校ではじめに何をしますか。

⭐암기하자!

□ 起きます : 일어납니다　※사전형은「起きる」
□ ほかの ～ : 다른~
□ つくえ : 책상
□ 宿題 : 숙제

7ばん　2
🔊 N5_2_10

学校で、先生が学生に話しています。学生は、明日の朝どのバスに乗りますか。

M：明日は、博物館に行きます。博物館には、バスで来てください。博物館へ行くバスは、24番と25番ですが、**朝は25番の白いバスに乗ってください。24番のバスは午後からで、朝はありません。**気をつけてください。

学生は、明日の朝どのバスに乗りますか。

— 25번의 하얀 버스에 탄다. 24번의 버스는 아침에는 없다.

⭐암기하자!

□ 博物館 : 박물관
□ 午後 : 오후 ⇔ 午前 : 오전

もんだい2

れい　3
🔊 N5_2_12

学校で、男の学生と女の先生が話しています。男の学生はいつ先生と話しますか。

M：先生、レポートのことを話したいです。

F：そうですか。これから会議ですから、3時からはどうですか。

M：すみません、3時半からアルバイトがあります。

F：じゃあ、明日の9時からはどうですか。

M：ありがとうございます。おねがいします。

F：10時からクラスがありますから、それまで話しましょう。

男の学生はいつ先生と話しますか。

1ばん　2　　　　　　　　　　　　　　🔊 N5_2_13

女の人と男の人が話しています。男の人の弟は何が好きですか。

F：山田さんは、きょうだいがいますか。

M：弟と妹がいます。私はスポーツが好きですが、**弟はいつもゲームをしています。**妹は、料理を作ることと、本を読むことが好きです。

F：そうですか。きょうだいみんな、ちがいますね。

男の人の弟は何が好きですか。

> 항상 게임을 하고 있다
> =게임을 좋아한다

⭐ 암기하자!

- □ きょうだい：형제
- □ スポーツ：스포츠
- □ ゲーム：게임
- □ ちがいます：다릅니다

2ばん　3　　　　　　　　　　　　　　🔊 N5_2_14

やおやで、男の人とお店の人が話しています。男の人はいくらはらいますか。

M：すみません。この80円のトマトを3つください。

F：はい、ありがとうございます。**このトマト、2つで150円ですよ。**

M：そうですか。**じゃあ、もう1つおねがいします。**

F：はい、ありがとうございます。

男の人はいくらはらいますか。

> 「もう1つおねがいします。」→전부 4개 산다.
>
> 2개에 150엔이므로 4개에 300엔.

⭐ 암기하자!

- □ トマト：토마토
- □ 2つで 150円：두 개에 150엔
- □ もう1つ：하나 더

3ばん　1

🔊 N5_2_15

大学で、女の人と男の人が話しています。男の人は、昨日どうやって学校に来ましたか。

F：山田さんのアパートから学校まで、どのぐらいですか。

M：少し遠いです。自転車で30分ぐらいかかります。

F：たいへんですね。バスはありませんか。

M：ありますが、あまり乗りません。雨の日だけ、バスに乗ります。

F：昨日は雨でしたね。バスで来ましたか。

M：**いいえ、タクシーで来ました。朝、つかれていましたから。** ── 어제는 택시로 학교에 왔다.

F：そうですか。

M：はい。でも、帰るときは歩きました。

男の人は、昨日どうやって学校に来ましたか。

⭐ 암기하자!

□ アパート：아파트
□ 自転車：자전거
□ たいへんな：큰 일(어려운 상황)
□ タクシー：택시

4ばん　1　　　　　　　　　　🔊 N5_2_16

男の人と女の人が話しています。二人は、明日まずどこで会いますか。

M：明日の映画、何時からですか。

F：午後2時からですよ。

M：じゃあ、映画の前に、デパートのレストランで、ごはんを食べませんか。

F：いいですね。じゃあ、レストランの前で会いましょうか。

M：えーと、**駅前のバスていから、いっしょに行きましょう。**　― 버스정류장에서 만난 후 레스토랑에서 같이 밥을 먹는다.

F：わかりました。そうしましょう。

二人は、明日まずどこで会いますか。

기하자!

□バスてい：버스정류장

5ばん　2　　　　　　　　　　🔊 N5_2_17

学校で、先生が学生に話しています。先生はいつ宿題を返しますか。

M：みなさん、来週の水曜日はテストです。今日、宿題がありますから、来週の月曜日に出してください。**私が宿題を見て、次の日に返します。**よく勉強してくださいね。　― 월요일：학생이 숙제를 제출한다

화요일：선생님이 숙제를 돌려준다

수요일：시험

先生はいつ宿題を返しますか。

기하자!
□宿題：숙제
□宿題を見ます：숙제를 봅니다
□次の日：다음 날
□返します：돌려줍니다

6ばん　3

🔊 N5_2_18

女の人と男の人が話しています。女の人は何人で旅行に行きましたか。

F：山田さん、これ、おみやげです。

M：ありがとうございます。どこのおみやげですか。

F：沖縄です。夫と、夫の両親といっしょに行きました。　———　여성＋남편＋남편의 부모님→4명

M：へえ、いいですね。

女の人は何人で旅行に行きましたか。

기하자!

□おみやげ：기념품
□夫：남편
□両親：부모님

もんだい3

れい　1　　🔊 N5_2_20

> 朝、学校で先生に会いました。何と言いますか。
>
> M：1　おはようございます。
>   2　おやすみなさい。
>   3　おつかれさまでした。

1ばん　1　　🔊 N5_2_21

> 友だちにプレゼントをあげます。何と言いますか。
>
> F：1　これ、どうぞ。
>   2　これ、どうも。
>   3　これ、どうでしたか。

선물을 주는 사람「これ、**どうぞ**。」

선물을 받는 사람「**どうも** ありがとう。」

2ばん　1　　🔊 N5_2_22

> タクシーに乗っています。駅に行きたいです。何と言いますか。
>
> M：1　駅まで、おねがいします。
>   2　駅まで、行きませんか。
>   3　駅がほしいです。

택시 운전사에게 가고 싶은 장소를 말한다.

3ばん　3　　🔊 N5_2_23

> 先生の家に入ります。何と言いますか。
>
> F：1　失礼です。
>   2　失礼でした。
>   3　失礼します。

4ばん　2　　🔊 N5_2_24

> はじめて会う人にあいさつをします。何と言いますか。
>
> M：1　はじめてです。
>   2　はじめまして。
>   3　はじめますね。

はじめまして：처음 만난 사람에게 하는 인사

始めます：시작합니다

5ばん　2　　🔊 N5_2_25

> 友だちがかぜをひきました。何と言いますか。
>
> F：1　おつかれさまです。
>   2　お大事に。
>   3　お元気で。

お大事に：아프거나 부상당한 사람에게 하는 인사

お元気で：헤어질 때 하는 인사

もんだい4

れい　2　　　🔊 N5_2_27

F：お名前は。
M：1　18さいです。
　　2　田中ともうします。
　　3　イタリア人です。

1ばん　1　　　🔊 N5_2_28

F：トイレはどこですか。
M：1　3階ですよ。
　　2　きれいですよ。
　　3　2つありますよ。

~は どこですか：~는 어디입니까?

2ばん　3　　　🔊 N5_2_29

F：ここから空港まで、どのぐらいかかりますか。
M：1　12時に出ます。
　　2　バスで行きます。
　　3　1時間です。

空港：공항

どのぐらい かかりますか：얼마나 걸립니까?
※시간과 가격에 사용한다

3ばん　2　　　🔊 N5_2_30

M：テストはどうでしたか。
F：1　がんばってください。
　　2　あまりわかりませんでした。
　　3　たくさん勉強しました。

どうでしたか：어땠습니까?

4ばん　2　　　🔊 N5_2_31

F：山田先生のこと、知っていますか。
M：1　いいえ、しません。
　　2　いいえ、知りません。
　　3　いいえ、知っていません。

知っていますか：알고 있습니까?

답할 때는「知りません」. 3의「知っていません」이라는 표현은 없다.

5ばん　1　　　🔊 N5_2_32

M：少し休みませんか。
F：1　そうですね。休みましょう。
　　2　そうですね。休みませんでした。
　　3　そうですね。休みです。

~ませんか：~하시겠습니까?

~ましょう：~합시다

6ばん　1　　🔊 N5_2_33

M：お子さんは何さいですか。
F：1　8さいです。
　　2　学校にいます。
　　3　二人います。

제3회 해답·해설

정답 ………………………………………………… 076

채점표와 분석 …………………………………… 079

해답·해설

　　언어지식 (문자·어휘) ………………………… 080

　　언어지식 (문법) ……………………………… 083

　　독해 …………………………………………… 085

　　청해 …………………………………………… 088

N5 げんごちしき (もじ・ごい) 第3回

필승합격 모의고사 해답용지

じゅけんばんごう / Examinee Registration Number

なまえ / Name

ちゅうい Notes
1. くろいえんぴつ (HB、No.2) でかいてください。
   Use a black medium soft (HB or No.2) pencil.
   (ペンやボールペンではかかないでください。)
   (Do not use any kind of pen.)
2. かきなおすときは、けしゴムできれいにけしてください。
   Erase any unintended marks completely.
3. きたなくしたり、おったりしないでください。
   Do not soil or bend this sheet.
4. マークれい Marking Examples

よいれい Correct Example	わるいれい Incorrect Examples
●	⊘ ○ ◌ ⦵ ⊖ ⦶ ◍

もんだい1

	1	2	3	4
1	①	②	●	④
2	①	●	③	④
3	●	②	③	④
4	①	②	③	●
5	①	②	③	●
6	①	●	③	④
7	●	②	③	④
8	①	●	③	④
9	①	●	③	④
10	●	②	③	④
11	①	②	●	④
12	①	②	●	④

もんだい2

	1	2	3	4
13	①	②	●	④
14	①	②	③	●
15	①	②	●	④
16	①	②	●	④
17	①	②	●	④
18	①	●	③	④
19	①	②	●	④
20	●	②	③	④

もんだい3

	1	2	3	4
21	①	●	③	④
22	①	②	●	④
23	①	②	③	●
24	①	②	③	●
25	①	②	●	④
26	●	②	③	④
27	①	②	③	●
28	①	②	③	●
29	①	②	③	●
30	●	②	③	④

もんだい4

	1	2	3	4
31	①	②	③	●
32	①	②	●	④
33	①	②	③	●
34	●	②	③	④
35	①	②	③	●

N5 げんごちしき（ぶんぽう）・どっかい 第3回

もんだい1

1	①	●	③	④
2	①	●	③	④
3	①	②	●	④
4	①	②	●	④
5	●	②	③	④
6	①	②	●	④
7	①	②	●	④
8	①	②	●	④
9	①	●	③	④
10	●	②	③	④
11	①	②	●	④
12	①	②	●	④
13	①	②	●	④
14	①	②	●	④
15	●	②	③	④
16	①	②	●	④

もんだい2

17	①	②	●	④
18	①	●	③	④
19	①	②	③	●
20	①	②	③	●
21	●	②	③	④

もんだい3

22	●	②	③	④
23	①	●	③	④
24	①	②	●	④
25	①	●	③	④
26	①	②	●	④

もんだい4

27	●	②	③	④
28	①	②	●	④
29	①	②	③	●

もんだい5

30	①	②	③	●
31	①	②	●	④

もんだい6

32	●	②	③	④

필승합격 모의고사 해답용지

N5 ちょうかい

第3回

じゅけんばんごう
Examinee Registration Number

なまえ
Name

もんだい1

れい	①	②	③	●
1	①	●	③	④
2	①	②	●	④
3	①	②	●	④
4	①	②	●	④
5	①	●	③	④
6	①	②	③	●
7	①	②	③	●

もんだい2

れい	①	②	③	●
1	①	②	●	④
2	①	②	●	④
3	①	②	●	④
4	①	●	③	④
5	①	②	③	●
6	①	②	③	●

もんだい3

れい	●	②	③
1	●	②	③
2	①	②	●
3	①	●	③
4	①	●	③
5	①	●	③

もんだい4

れい	●	②	③
1	●	②	③
2	①	②	●
3	●	②	③
4	●	②	③
5	●	②	③
6	●	②	③

〈ちゅうい Notes〉

1. くろいえんぴつ (HB、No.2) でかいてください。
   Use a black medium soft (HB or No.2) pencil.
   (ペンやボールペンではかかないでください。)
   (Do not use any kind of pen.)

2. かきなおすときは、けしゴムできれいにけしてください。
   Erase any unintended marks completely.

3. きたなくしたり、おったりしないでください。
   Do not soil or bend this sheet.

4. マークれい Marking Examples

よいれい Correct Example	わるいれい Incorrect Examples
●	⊗ ○ ◐ ⊖ ⦿

제3회 채점표와 분석

		배점	정답수	점수
문자·어휘	문제1	1점×12문제	/12	/12
	문제2	1점×8문제	/8	/8
	문제3	1점×10문제	/10	/10
	문제4	2점×5문제	/5	/10
문법	문제1	2점×16문제	/16	/32
	문제2	2점×5문제	/5	/10
	문제3	3점×5문제	/5	/15
	문제4	4점×3문제	/3	/12
독해	문제5	4점×2문제	/2	/8
	문제6	3점×1문제	/1	/3
	합계	120점		/120

		배점	정답수	점수
청해	문제1	3점×7문제	/7	/21
	문제2	3점×6문제	/6	/18
	문제3	3점×5문제	/5	/15
	문제4	1점×6문제	/6	/6
	합계	60점		/60

※이 채점표의 득점은 아스크출판편집부가 문제의 난이도를 판단하여 배점했습니다.

언어지식 (문자 · 어휘)

◆ 문자 · 어휘

※해설은 유사표현을 많이 알 수 있도록 알기 쉬운 일본어 및 한국어를 병용하였습니다.

もんだい1

1 2 かえります
帰ります : (집으로) 돌아갑니다

2 3 ちゃ
お茶 : 차
 2 水 : 물

3 2 じてんしゃ
自転車 : 자전거
 3 自動車 : 자동차

4 4 あつい
暑い : 덥다
 1 さむい : 춥다

5 4 ろっぴゃく
六百 : 육백

6 1 うまれました
生まれます : 태어납니다

7 2 まいつき
毎月 : 매월 / 매달

8 3 ながい
長い : 길다
 1 広い : 넓다
2 せまい : 좁다
4 短い : 짧다

9 2 あかい
赤い : 빨갛다

 1 青い : 파랗다
3 白い : 희다
4 黒い : 검다

10 4 はなび
花火 : 불꽃놀이

11 1 あかるい
明るい : 밝다

12 1 おと
音 : 소리
 2 声 : 목소리
3 色 : 색
4 味 : 맛

もんだい2

13 2 ボールペン
ボールペン : 볼펜

14 2 元気
元気な : 건강한

15 4 読みます
読みます : 읽습니다
 1 書きます : 씁니다
2 話します : 말합니다/이야기합니다
3 買います : 삽니다

16 2 兄
兄 : 형
会います : 만납니다
 1 父 : 아버지
3 弟 : 남동생
4 母 : 어머니

17 3 電車
電車:전철

18 1 小学生
妹:여동생
小学生:초등학생
 2 中学生:중학생
3 高校生:고등학생
4 大学生:대학생

19 3 町
町:도시/마을
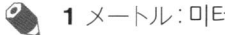 1 駅:역
2 市:시
4 村:마을

20 2 会社
会社:회사

もんだい3

21 3 レストラン
レストラン:레스토랑
 1 メートル:미터
2 サングラス:선글라스
4 ハンサム:핸섬

22 2 かえしに
返します:돌려줍니다
 1 帰ります:돌아갑니다
3 遊びます:놉니다
4 わすれます:잊습니다

23 4 べんり
べんりな:편리한
1 へたな:못하는
2 じょうずな:잘하는
3 しずかな:조용한

24 1 のんで
くすりを 飲みます:약을 먹습니다

25 4 ほん
~本:~개
1 ~まい:~장
2 ~こ:~개
3 ~さつ:~권

26 1 もって
持ちます:잡습니다/듭니다
 2 書きます:적습니다/씁니다
3 着ます:입습니다
4 します:합니다

27 2 きょねん
去年:작년
 1 来月:다음달
3 あさって 모레
4 今晩:오늘밤

28 3 まって
待ちます:기다립니다
 1 買います:삽니다
2 (写真を) とります:(사진을)찍습니다
4 会います:만납니다

29 1 なに
何:무엇
本屋:서점
となり:옆
 2 いつ:언제
3 どこ:어디
4 だれ:누구

30 4 はいります
(おふろに) 入ります:(욕조에) 들어갑니다
 1 切ります:자릅니다
2 いります:필요합니다
3 (シャワーを) あびます:(샤워를)합니다

もんだい4

31 3 がっこうは よっかかん やすみです。
きのう：어제
あさって：모레
二日間(ふつかかん)：2일간
三日間(みっかかん)：3일간
四日間(よっかかん)：4일간
五日間(いつかかん)：5일간

32 4 しゅうまつは いそがしかったです。
いそがしい：바쁘다
　1 きれいな：깨끗한/예쁜
　2 にぎやかな：번화한
　3 たのしい：즐겁다

33 1 あには えいごを おしえて います。
教師(きょうし)：교사
教(おし)えます：가르칩니다
　2 習(なら)います：익힙니다/배웁니다

34 3 つまは およぐのが へたです。
つま：부인
泳(およ)ぎます：헤엄칩니다/수영합니다
へたな：못하는＝じょうずじゃ ない 잘 하지 못한다
　1 きらいな：싫은
　2 好(す)きな：좋아하는
　4 かんたんな：간단한

35 4 いもうとは ははに かばんを かりました。
母(はは)→［かばん］→妹(いもうと)
Aは Bに ～を 貸します：A는 B에게 ～를 빌려줍니다
Bは Aに ～を 借(か)ります：B는 A에게 ～를 빌립니다
　1・3 Aは Bに ～を あげます：A는 B에게 ～를 줍니다

언어지식 (문법)・독해

◆ 문법

もんだい1

1 2 で
[場所]+で : [장소]+에서
れい　公園で サッカーを します。

2 2 に
[曜日]+に : [요일]+에
れい　日曜日に テニスを します。

3 3 の
AとBの あいだ : A와 B의 사이
れい　学校と 銀行の あいだに コンビニが あります。

4 1 で
둘 이상의 형용사를 나열할 때
・[な形容詞]+で、~
・[い形容詞]+くて、~
れい　兄は、せが 高くて、やさしいです。

5 3 に
[方向]+に まがります : [방향]+으로 돕니다
れい　つぎの 信号を 左に まがります。

6 1 に
~に 電話を かけます : ~에게 전화를 겁니다
れい　学校を 休むときは、先生に 電話を かけます。

7 3 から
[時間]+から : [시간]+부터
れい　授業は 9時から 12時までです。

8 1 に
~に します : ~로 합니다 (하나를 고를 때 사용한다)

9 3 あとで
[動詞た形]+あとで : [동사た형]+후에
　1 [動詞辞書形]+まえに : [동사사전형]+전에
　2 [名詞]+のまえに : [명사]+의 전에
　4 [名詞]+のあとで : [명사]+의 후에

10 2 かく
[動詞辞書形]+とき : [동사사전형]+때
れい　学校へ 行くとき、電車に 乗ります。

11 2 どちら
お国は どちらですか : 어느 나라에서 오셨습니까?

12 2 まだ
まだ ~て いません : 아직 ~하지 않았습니다
まだです。= まだ 食べて いません。(아직 먹지 않았습니다.)
れい　まだ 宿題を して いません。

13 3 だれが
わたしです。= わたしが とりました。(제가 촬영했습니다.)

14 1 こと
[動詞辞書形]+ことが 好きです : [동사사전형]+하는 것을 좋아합니다
れい　妹は 本を 読むことが 好きです。

15 1 行きませんか
~ませんか : ~하지 않겠습니까?

|れい| 夏休み、いっしょに 旅行に 行きませんか。

16 3 どうぞ
주는 사람「どうぞ。」
받는 사람「どうも ありがとう。」

もんだい2

17 4
あにはわたし 3より 2せ 4が 1高い です。
Aは Bより ~ : A는 B보다~
|れい| 中国は 日本より 広いです。
Aは Bが ~ : A는 B가
|れい| うちの 犬は 毛が 長いです。

18 1
このふるい 4かさ 2は 1父 3の です。
古い : 낡은/오래된
父の＝父の かさ

19 4
お母さんの 3びょうきは 2もう 4よく 1なりました か。
もう : 이미/다시
[い形容詞]〜く なります : [い형용사]〜게 됩니다
「いい」→「よく なります」
|れい| この タオルは 古く なりましたから、すてます。

20 1
駅の 2となりに 3大きい 1スーパーが 4できて べんりになりました。
〜の となり : 〜의 옆
〜て、〜 : 〜하여, 〜(문장과 문장을 이을 때는 て형을 사용한다)
|れい| 動物園へ 行って、写真を とりました。

21 3
ここはわたし 4が 1きのう 3来た 2店 です。
わたしが きのう 来た 店

もんだい3

22 1 います
「사람」이므로 동사는 「あります」가 아닌 「います」를 사용한다
|れい| 公園に 子どもが たくさん います。【人】
れいぞうこの 中に ぎゅうにゅうが 3本 あります。【もの】

23 3 だから
【原因 (원인)】みんな その ルールを まもります。
↓ だから
【結果 (결과)】
きもちよく 電車に のることが できます。

24 2 と
Aと Bは ちがいます : A와 B는 다릅니다

25 3 話しません
あまり 〜ません : 그다지〜않습니다
|れい| さむいですから、あまり 外に 行きません。

26 2 で
[道具]＋で : 도구나 수단을 나타낸다
|れい| なべで 料理を 作ります。

◆ 독해

もんだい４

(1) 27 1

> わたしは 先週の 火曜日から 金曜日まで 京都に 行きました。**火曜日は お寺を 見たり**、買いものを したり しました。**わたしは お寺が 好きですから、水曜日も 見に 行きました**。木曜日は 映画館で 映画を 見ました。金曜日は おみやげを 買いました。とても たのしかったです。

― 화요일과 수요일에 절을 보러 갔다.

⭐암기하자!
- お寺 : 절
- 映画館 : 영화관
- おみやげ : 기념품

(2) 28 2

> 図書館を 使う みなさんへ
>
> 今日は 図書館の 本を かたづけます。本を かりることは できません。**かえす 本は 入口の となりの ポストに 入れて ください。**
>
> ２階の へやは 午後１時から ５時までです。へやの 入口に 紙が ありますから、紙に 名前を 書いてから 使って ください。
>
> 　　　　　　　　　　　　　　　　　　　　　中央図書館

― 책을 돌려줄 때는 입구 옆의 우체통에 넣는다.

⭐암기하자!
- かたづけます : 정리합니다
- 入口 : 입구
- ポスト : 우체통

(3) 29 4

> ユンさん
>
> 　12時15分ごろ　ヤマダ会社の　森さんから　電話が　ありました。あしたの　会議の　時間を　かえたいと　言って　いました。**16時までに　電話を　してください。**
>
> 　森さんは　これから　出かけますから、**会社では　なくて、森さんの　けいたい電話に　かけて　ください。**
>
> 　　　　　　　　　　　　　　　　　　　　　　　　佐藤　12:20

16시까지 휴대전화로 전화를 한다.

암기하자!
- 会議 : 회의
- 変えます : 바꿉니다
- これから : 앞으로
- 出かけます : 외출합니다
- けいたい電話 : 휴대전화

もんだい5

30 4　　31 4

> 　　　　　　東京へ　行きました
> 　　　　　　　　　　　　　　　ジェイソン・パーク
>
> 　先週、母が　日本に　来ました。母と　いっしょに　東京へ　行きました。**30母と　わたしは　日本語が　あまり　できませんから、すこし　こわかったです。**
>
> 　東京では、レストランや　お店や　お寺など、いろいろな　ところへ　行きました。スマホで　電車の　時間を　しらべたり、レストランを　さがしたり　しました。レストランの　人は　英語を　話しましたから、よく　わかりました。母は「来年も　来たい」と　言いました。
>
> 　わたしたちが　行った　ところには、外国人が　たくさん　いました。**31つぎは、外国人が　あまり　行かない　ところへ　行って、日本人と　日本語で　話したいです。**

30 일본어가 그다지 되지 않으므로 (=잘 하지 못해서) 무서웠다.

31 외국인이 그다지 가지 않는 곳 (= 외국인이 적은 곳)에 가고 싶다.

기하자!

- こわい：무섭다
- お寺：절
- スマホ：스마트폰
- しらべます：조사합니다
- さがします：찾습니다
- 英語：영어

もんだい6

32 1

あおばまつり

ぜひ 来て ください！

日にち：9月 12日（土）
ばしょ：中央公園
時間：9時から 15時まで

くだものの ケーキ
- 9時から 11時まで
- 1つ 300円

いろいろな くだものの ケーキを うって います。

おもちゃ
- 11時から 15時まで
- 1つ 1,200円 ×

子どもも おとなも すきな おもちゃを うって います。

こどもの ふく
- 13時から 14時まで ×
- 1つ 1,000円

かわいい ふくを うって います。

やさい
- 14時から 15時まで ×
- 1つ 150円

おいしい やさいを うって います。

10시 30분부터 12시 30분까지 → 「어린이 옷」과 「야채」는 ×

가지고 있는 돈은 1,000엔 → 「장남감」은 ×

기하자!

- 売ります：팝니다
- ふく：옷

청해

もんだい1

れい　4　　　　　　　　　🔊 N5_3_03

男の人と女の人が話しています。女の人は、明日まずどこへ行きますか。

M：明日、映画を見に行きませんか。

F：すみません。明日はアメリカから友だちが来ますから、ちょっと…。

M：そうですか。空港まで行きますか。

F：いいえ、電車の駅で会います。それから、いっしょに動物園へ行きます。

女の人は、明日まずどこへ行きますか。

1ばん　2　　　　　　　　　🔊 N5_3_04

会社で、男の人と女の人が話しています。男の人は、明日何を持って行きますか。

M：あのう、すみません、明日の説明会は何時から何時までですか。

F：10時から16時までです。**おべんとうや飲みものは、自分で持ってきてください。**

M：説明会は、何をしますか。

F：会社のルールや、仕事の説明をします。しりょうがありますから、**ペンなど書くものを持ってきてください。**IDカードは、明日わたします。

M：わかりました。

男の人は、明日何を持って行きますか。

가지고 가는 것: 도시락, 음료, 적을 것(펜)

설명회에서 받는 것: 자료, ID카드

⭐ 암기하자!
- □ 説明会：설명회
- □ おべんとう：도시락
- □ ルール：룰/규칙
- □ 仕事：일/업무
- □ 説明を します：설명을 합니다
- □ しりょう：자료
- □ ＩＤカード：ID카드

2ばん　3　🔊 N5_3_05

駅で、女の人と駅員が話しています。女の人はどのボタンを押しますか。

F：あのう、大人二人と子ども三人、きっぷを買いたいです。どのボタンですか。

M：お子さんは何さいですか。

F：10さいと4さいと2さいです。

M：そうですか。**4さいと2さいのお子さんは、お金がかかりません。**

F：じゃあ、**大人二人と子ども一人**でいいですか。

M：**はい。**

F：わかりました。ありがとうございます。

女の人はどのボタンを押しますか。

4살과 2살의 아이는 돈이 들지 않는다.→성인 두 명과 아이 한 명의 표를 산다.

⭐ 암기하자!
- □ 駅員：역무원
- □ ボタン：버튼
- □ 押します：누릅니다
- □ きっぷ：표
- □ お金が かかります：돈이 듭니다

3ばん　2　　　　　　　　　　　　N5_3_06

男の人と女の留学生が話しています。女の留学生はどのクラスで勉強しますか。

M：日本語のクラスは、レベルが2つあります。はじめて勉強する人はレベル1、ひらがなとカタカナができる人はレベル2です。

F：そうですか。私は、国でひらがなとカタカナを勉強しました。

M：じゃ、**レベル2ですね**。レベル2のクラスは、朝と夜があります。どちらがいいですか。

F：何時から何時までですか。

M：朝は9時から11時、夜は18時から20時までです。

F：**18時からアルバイトがありますから、夜はちょっと…。**

M：じゃあ、こちらのクラスですね。

女の留学生はどのクラスで勉強しますか。

> 저녁은 아르바이트가 있어서 아침 클래스에서 공부한다.

기하자!

□ ～は ちょっと…。（婉曲的に断る表現）：～는 조금… (완곡히 거절하는 표현)

4ばん　4　　　　　　　　　　　　N5_3_07

女の人と男の人が話しています。女の人は何を持って行きますか。

F：明日のパーティー、おかしを持って行きましょうか。

M：おかしは田中さんが持ってきますから、だいじょうぶですよ。料理は私と伊藤さんが作ります。**飲みものをおねがいします。**

F：はい、わかりました。

M：**それと、うちにはコップがあまりありませんから、コップもおねがいします。**

F：わかりました。持って行きます。

女の人は何を持って行きますか。

> 여성은 음료와 컵을 가지고 간다.
>
> 과자와 음식은 가지고 가지 않는다.

기하자!

□ コップ：컵

5ばん　3　　　🔊 N5_3_08

男の人と女の人が話しています。男の人は、このあと何に乗りますか。

M：すみません、城山大学にはどうやって行きますか。

F：城山大学は、バスがべんりですよ。ほら、あそこのバスていから、2ばんのバスに乗ってください。あ、でも今日はもうありませんね。

M：そうですか。

F：電車でも行けますよ。ここから駅まで歩いて15分ぐらいです。**1ばんせんの電車ですよ。**

M：そうですか。**じゃあ、そうします。**ありがとうございました。

男の人は、このあと何に乗りますか。

― 그렇게 하겠습니다=전철을 타겠습니다

⭐기하자!

□バスてい：버스정류장
□～ばんせん：~번 선

6ばん　4　　　🔊 N5_3_09

女の人と男の人が話しています。二人はいつ映画を見に行きますか。

F：この映画、いっしょに見に行きませんか。

M：いいですね。今日行きましょうか。

F：今日はいそがしいですから、ちょっと…。来週はどうですか。

M：火曜日と木曜日はだいじょうぶですよ。

F：そうですか。**私は水曜日にテストがありますから、火曜日は勉強します。木曜日はどうですか。**

M：いいですよ。楽しみですね。

二人はいつ映画を見に行きますか。

― 화요일：공부
수요일：시험
목요일：영화를 보러 간다

7ばん　4　　　　　　　　　　　　🔊 N5_3_10

学校で、先生が学生に話しています。学生は、来週何を持って行きますか。

F：来週のテストは、12時に始まります。おくれないでください。それから、<u>えんぴつとけしごむを持ってきてください。</u>教室に時計がありませんから、<u>時計も自分で持ってきてください。</u>テストのとき、辞書を使ってはいけませんから、辞書は持ってこないでください。あ、それから、<u>受験票を忘れないでくださいね。</u>

学生は、来週何を持って行きますか。

가지고 가는 것: 연필, 지우개, 시계, 수험표

사전은 가지고 가지 않는다.

⭐ 암기하자!

☐ えんぴつ : 연필
☐ けしごむ : 지우개
☐ 時計 : 시계
☐ 辞書 : 사전
☐ 受験票 : 수험표

もんだい2

れい　3　　　　　　　　　　　　🔊 N5_3_12

学校で、男の学生と女の先生が話しています。男の学生はいつ先生と話しますか。

M：先生、レポートのことを話したいです。

F：そうですか。これから会議ですから、3時からはどうですか。

M：すみません、3時半からアルバイトがあります。

F：じゃあ、明日の9時からはどうですか。

M：ありがとうございます。おねがいします。

F：10時からクラスがありますから、それまで話しましょう。

男の学生はいつ先生と話しますか。

1ばん　2　　　　　　　　　　　　🔊 N5_3_13

女の人と男の人が話しています。男の人はいつジョギングをしますか。

F：どうしましたか。つかれていますね。

M：今朝5キロ走りました。

F：へえ、そうですか。毎朝ジョギングをしていますか。

M：いいえ、**木曜日と週末だけです。** ── 목요일과 토요일과 일요일에 조깅을 한다.

男の人はいつジョギングをしますか。

기하자!

□ジョギング：조깅
□～キロ：~킬로미터
□週末：주말

2ばん　3　　　　　　　　　　　　🔊 N5_3_14

ケーキ屋で、男の店員と女の人が話しています。女の人はどのケーキを買いましたか。

M：いらっしゃいませ。

F：すみません、どんなケーキがありますか。

M：くだもののケーキと、チーズケーキと、チョコレートケーキがあります。

F：じゃあ、**チーズケーキ1つください。**

M：くだもののケーキもおいしいですよ。いちごのケーキとりんごのケーキがあります。いかがですか。

F：**うーん、けっこうです。** ── 과일 케이크는 사지 않는다.

女の人はどのケーキを買いましたか。

기하자!

□店員：점원
□チーズケーキ：치즈 케이크
□チョコレートケーキ：초콜릿 케이크

□けっこうです＝いらないです：괜찮습니다

3ばん　4　　　　　　　　　　　　　　　N5_3_15

会社で、男の人と女の人が話しています。女の人は今日何時に起きましたか。

M：おはようございます。あれ？今日は早いですね。

F：今日はタクシーで来ました。

M：タクシー？どうしましたか。

F：**いつもは朝6時半に起きますが、今日は7時半でした。**1時間もおそかったです。びっくりして、いそいでタクシーに乗りました。

女の人は今日何時に起きましたか。

― 오늘은 7시 반에 일어났다.

□タクシー：택시
□びっくりします：놀랍니다
□いそぎます：서두릅니다

4ばん　1　　　　　　　　　　　　　　　N5_3_16

ラジオで、女の人が話しています。女の人は、家に帰ってはじめに何をしますか。

F：仕事のあと、よくジムに行きます。**運動してから家に帰って、ごはんの前に、テレビを見ます。**ジムでシャワーをあびますから、ジムの日は家でおふろに入りません。ごはんのあと、寝る前に本を読みます。本を読むのが好きですから、毎晩読みます。

女の人は、家に帰ってはじめに何をしますか。

― 헬스장→집으로 돌아간다→TV→밥→책→잔다

□ジム：헬스장
□運動します：운동합니다

5ばん　3　　　　　　　　　　　　　　N5_3_17

学校で、女の学生と男の学生が話しています。女の学生は、一年に何回家族に会いますか。

F：もうすぐ夏休みですね。田中さんは何をしますか。

M：私は旅行に行きます。鈴木さんは？

F：私は家族に会います。今、一人で生活していますから、長い休みはいつも両親の家に帰ります。**夏休みと冬休み、それから春休みも会いに行きます。**

M：そうですか。楽しみですね。

女の学生は、一年に何回家族に会いますか。

— 1년에 세 번 (여름 방학, 겨울 방학, 봄 방학) 가족과 만난다.

암기하자!
- □ 生活します : 생활합니다
- □ 夏休み : 여름 방학
- □ 冬休み : 겨울 방학
- □ 春休み : 봄 방학

6ばん　3　　　　　　　　　　　　　　N5_3_18

男の人と女の人が話しています。男の人は昨日何をしましたか。

M：昨日の休みは何をしましたか。

F：映画館に行きました。映画を見たあと、買いものをして帰りました。ダンさんは？

M：**私はうちで国の料理を作りました。今度のパーティーで作りますから、練習しました。**

F：そうですか。

男の人は昨日何をしましたか。

— 남성은 집에서 요리를 했다.

암기하자!
- □ 練習します : 연습합니다

もんだい3

れい 1　　🔊 N5_3_20

朝、学校で先生に会いました。何と言いますか。

F：1　おはようございます。
　　2　おやすみなさい。
　　3　おつかれさまでした。

1ばん 1　　🔊 N5_3_21

授業におくれました。何と言いますか。

M：1　おくれて、すみません。
　　2　おくれますが、すみません。
　　3　おくれますから、すみません。

~て：이유를 나타낸다

れい　好きな 人から メールが 来て、うれしいです。

2ばん 2　　🔊 N5_3_22

レストランでピザを食べたいです。店の人に何と言いますか。

F：1　ピザ、ごちそうさまでした。
　　2　ピザ、おねがいします。
　　3　ピザ、食べましょうか。

ピザ：피자

 1 ごちそうさまでした：식사가 끝났을 때 하는 인사

3ばん 1　　🔊 N5_3_23

美容院でかみを切りたいです。何と言いますか。

M：1　短くしてください。
　　2　短くていいですね。
　　3　短くないです。

美容院：미용실

[い形容詞]~く します：[い형용사]~하게 합니다

4ばん 2　　🔊 N5_3_24

荷物が来ました。サインをします。何と言いますか。

F：1　サインをおねがいします。
　　2　サイン、ここでいいですか。
　　3　サイン、しませんか。

荷物：짐

サイン：사인

ここで いいですか。：여기에 괜찮습니까?

5ばん 3　　🔊 N5_3_25

美術館で絵の写真をとりたいです。何と言いますか。

M：1　写真をとりましょうか。
　　2　写真をとってください。
　　3　写真をとってもいいですか。

美術館：미술관

~ても いいですか：~해도 괜찮습니까?

 1 ~ましょうか：~할까요?

2 ～て ください：~해주세요

もんだい4

れい　2　　🔊 N5_3_27

F：お名前は。
M：1　18さいです。
　　2　田中ともうします。
　　3　イタリア人です。

1ばん　2　　🔊 N5_3_28

F：コーヒー、いかがですか。
M：1　はい、どうぞ。
　　2　あ、ありがとうございます。
　　3　すみません、ありません。

いかがですか：음식이나 음료를 상대에게 추천할 때 사용한다

2ばん　1　　🔊 N5_3_29

M：いっしょに昼ごはんを食べに行きませんか。
F：1　すみません、今、ちょっといそがしくて…。
　　2　はい、とてもおいしかったですね。
　　3　いいえ、あまり行きません。

～ませんか：~하지 않겠습니까?

3ばん　3　　🔊 N5_3_30

M：授業はもう終わりましたか。
F：1　いいえ、終わります。
　　2　いいえ、終わりましたよ。
　　3　いいえ、まだです。

もう ～ました：이미~했습니다

まだ：아직

4ばん　3　　🔊 N5_3_31

F：だれとお昼ごはんを食べましたか。
M：1　12時です。
　　2　カレーライスです。
　　3　一人で食べました。

だれと：누구와

カレーライス：카레라이스

5ばん　3　　🔊 N5_3_32

F：スピーチの練習はしましたか。
M：1　山田さん、とてもじょうずでしたよ。
　　2　それは心配ですね。
　　3　はい、たくさんしました。

心配です：걱정입니다

6ばん　3　　🔊 N5_3_33

M：すみません、佐藤さんはどこにいますか。

F：1　どこでもいいです。
　　2　あそこにあります。
　　3　会議室にいます。

「「사토 씨」는 「사람」이므로 동사는 「あります」가 아닌 「います」를 사용한다.

会議室 : 회의실

JLPT 필승합격의 길이 여기에!

필승합격 일본어능력시험 단어장 시리즈(N1~N5)

전국 주요 서점에서 판매중! 4X6배판, 정가 16,000~14,000원 (레벨별 상이)

■필승합격 일본어능력시험 단어장 시리즈 특징!■

1. 주제별, 상황별 단어 학습
JLPT에 자주 출제되고 일상생활에도 도움이 되는 단어의 주제별 정리!
각 상황에 맞는 이미지로 학습 가능!

2. 모의시험으로 실력 확인
PC나 모바일에서 온라인 모의시험으로 실시간 점수 확인 가능!
PDF 파일로도 제공하여 모의시험 출력 가능!

3. 음성의 활용
단어장의 모든 단어와 예문 음성 파일을 무료 다운로드로 제공!
단어 암기의 효율성을 높이고 듣기 훈련에도 도움!

4. 암기용 셀로판지 활용
암기용 셀로판지로 표제 단어와 예문을 가리고 학습하여 암기효과 상승!

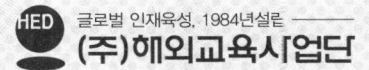

독해 · 청해문제 출제 협력

조철 (카미쿠보) 아키코: 프리랜스 일본어강사
하마다 슈: 학교법인 TBC학원 국제정보비즈니스전문학교 일본어학과 교무 주임
마츠모토 시오리: 교토문화일본어학교 전 강사

언어지식문제 출제 협력

飯塚大成、碇麻衣、氏家雄太、占部匡美、遠藤鉄兵、カインドル宇留野聡美、笠原絵理、嘉成晴香、後藤りか、小西幹、櫻井格、鈴木貴子、柴田昌世、田中真希子、戸井美幸、中越陽子、中園麻里子、中森真理子、西山可菜子、野島恵美子、二葉知久、松浦千晶、松村千尋、三垣亮子、森田英津子、森本雅美、山野井瞳、矢野まゆみ、横澤夕子、横野登代子（五十音順）

필승합격일본어능력시험(JLPT)N5 모의고사

발행일	2021년 2월 25일 초판 제1쇄 발행
편저	아스크출판 편집부
발행인	송부영
발행처	(주)해외교육사업단
출판등록	제16-1456호
주소	서울특별시 서초구 강남대로 381,(두산709호)
전화	02-736-1010
이메일	song@hed.co.kr
홈페이지	www.hedgroup.co.kr

*본사에서는 소중한 원고, 새로운 기획의 제안을 기다리고 있습니다.
*이 책은 저작권법에 의해 보호를 받는 저작물이므로 무단 전재와 복제를 금합니다.
*잘못된 책은 구입하신 서점이나 본사에서 교환해드립니다.

©2020 Ask Publishing Co., Ltd.
Originally Published in Japan by ASK Publishing Co., Ltd., Tokyo

필승합격일본어능력시험
N5

모의고사
3회분

글로벌 인재육성, 1984년설립
(주)해외교육사업단

필승합격일본어능력시험 N5 모의고사

제1회

음성파일과 채점표

필승합격 모의고사　제1회　　　　　　　　　　　もんだいようし

N5
げんごちしき（もじ・ごい）
（25ふん）

ちゅうい
Notes

1. しけんが　はじまるまで、この　もんだいようしを　あけないで　ください。
   Do not open this question booklet until the test begins.

2. この　もんだいようしを　もって　かえる　ことは　できません。
   Do not take this question booklet with you after the test.

3. じゅけんばんごうと　なまえを　したの　うんに、じゅけんひょうと　おなじように　かいて　ください。
   Write your examinee registration number and name clearly in each box below as written on your test voucher.

4. この　もんだいようしは、ぜんぶで　8ページ　あります。
   This question booklet has 8 pages.

5. もんだいには　かいとうばんごうの　1、2、3…が　あります。
   かいとうは、かいとうようしに　ある　おなじ　ばんごうの　ところに　マークして　ください。
   One of the row numbers 1, 2, 3 … is given for each question. Mark your answer in the same row of the answer sheet.

じゅけんばんごう　Examinee Registration Number	
なまえ　Name	

もんだい1 ＿＿＿の ことばは ひらがなで どう かきますか。
1・2・3・4から いちばん いい ものを ひとつ えらんで ください。

(れい) その こどもは 小さいです。
　　　1　ちさい　　　2　ちいさい　　　3　じさい　　　4　じいさい

(かいとうようし)　(れい)　①　●　③　④

① この くるまは 新しいです。
　　1　うつくしい　　　　　　　2　やさしい
　　3　たのしい　　　　　　　　4　あたらしい

② きょうは いい 天気 ですね。
　　1　てんき　　　2　てんち　　　3　でんき　　　4　でんち

③ その はこは とても 重いです。
　　1　おそい　　　2　おおい　　　3　とおい　　　4　おもい

④ ふじさんは 有名な やまです。
　　1　ゆうな　　　2　ゆな　　　3　ゆうめい　　　4　ゆめい

⑤ 耳が いたいですから、びょういんへ いきます。
　　1　あたま　　　2　みみ　　　3　あし　　　4　め

⑥ すみません、左に まがって ください。
　　1　にし　　　2　ひがし　　　3　ひだり　　　4　みぎ

⑦ タンさんの お姉さんは がっこうの せんせいです。
　　1　あに　　　2　あね　　　3　にい　　　4　ねえ

8 ともだちの へやに 入ります。
 1 まいります　　　　　　2 かえります
 3 います　　　　　　　　4 はいります

9 社長は とても いそがしいです。
 1 しゃちょう　　　　　　2 しゃしょう
 3 しゅちょう　　　　　　4 しゅしょう

10 9じ半に がっこうへ きてください。
 1 ふん　　2 へん　　3 ほん　　4 はん

11 ちちの たんじょうびは 八日です。
 1 ようか　　2 よっか　　3 むいか　　4 ここのか

12 へやの 中で あそびます。
 1 なか　　2 うち　　3 じゅう　　4 ちゅう

もんだい2 ＿＿＿の ことばは どう かきますか。1・2・3・4から
いちばん いい ものを ひとつ えらんで ください。

(れい) この テレビは すこし やすいです。
　　　　1　低い　　　2　暗い　　　3　安い　　　4　悪い

(かいとうようし)　| (れい) | ① | ② | ● | ④ |

13　きのう たかい ぱそこんを かいました。
　　1　パンコン　　　　　　　　2　パンコリ
　　3　パソコン　　　　　　　　4　パソコリ

14　わたしの せんせいは せが たかいです。
　　1　生光　　　2　生王　　　3　先生　　　4　先土

15　へやの まどを あけます。
　　1　閉けます　　2　開けます　　3　門けます　　4　問けます

16　あめが ふって きましたから、かえりましょう。
　　1　天　　　2　多　　　3　月　　　4　雨

17　この みせは きんようびは やすみです。
　　1　全　　　2　金　　　3　会　　　4　合

18　この りょうりは ははが つくりました。
　　1　百　　　2　白　　　3　毎　　　4　母

19 いっしょに　ひるごはんを　たべます。
　　1　食べます　　　2　近べます　　　3　分べます　　　4　長べます

20 あしたは　がっこうを　やすみます。
　　1　体みます　　　2　仏みます　　　3　仕みます　　　4　休みます

もんだい3 （　　）に なにが はいりますか。1・2・3・4から いちばん
　　　　　いい ものを ひとつ えらんで ください。

（れい）きのう　サッカーを　（　　）　しました。
　　　1　れんしゅう　　　2　こしょう
　　　3　じゅんび　　　　4　しゅうり

（かいとうようし）　|（れい）| ●　②　③　④ |

[21] ゆうべ（　　）で ニュースを みました。
　　　1　ボタン　　　　2　テレビ　　　　3　フォーク　　　　4　ギター

[22] すみません、はさみを（　　）も いいですか。
　　　1　かかって　　　2　かりて　　　　3　かぶって　　　　4　かえって

[23] たなかさんは、くろい（　　）を きています。
　　　1　めがね　　　　2　くつ　　　　　3　ぼうし　　　　　4　うわぎ

[24] プールで（　　）から、つかれました。
　　　1　およぎました　　　　　　　2　むかえました
　　　3　うまれました　　　　　　　4　おくりました

[25] わたしの うちに くるまが 2（　　）あります。
　　　1　だい　　　　　2　まい　　　　　3　ひき　　　　　　4　こ

[26] あついですから、（　　）ジュースを のみたいです。
　　　1　きたない　　　2　つめたい　　　3　ながい　　　　　4　いそがしい

27 かいしゃに でんわを （　　）。
　1　はなします　　　　　　　　2　つけます
　3　かけます　　　　　　　　　4　はらいます

28 コーヒーと こうちゃと、（　　）が すきですか。
　1　いつ　　　　2　なん　　　　3　どこ　　　　4　どちら

29 まりさんは うたが （　　）です。
　1　きれい　　　2　おいしい　　3　じょうず　　4　べんり

30 ここで しゃしんを （　　）ください。
　1　すわないで　　　　　　　　2　のぼらないで
　3　ぬがないで　　　　　　　　4　とらないで

もんだい4 　　　の ぶんと だいたい おなじ いみの ぶんが あります。
1・2・3・4から いちばん いい ものを ひとつ えらんで
ください。

(れい) わたしは にほんごの ほんが ほしいです。
　　1　わたしは にほんごの ほんを もって います。
　　2　わたしは にほんごの ほんが わかります。
　　3　わたしは にほんごの ほんを うって います。
　　4　わたしは にほんごの ほんを かいたいです。

(かいとうようし)　

31　しごとは 9じから 5じまでです。
　　1　しごとは 9じに はじまって 5じに おわります。
　　2　しごとは 9じに おわって 5じに はじまります。
　　3　しごとは 9じかんです。
　　4　しごとは 5じかんです。

32　せんせいは もう うちに かえりました。
　　1　せんせいは まだ がっこうに います。
　　2　せんせいは いま がっこうに いません。
　　3　せんせいは うちで しごとを しません。
　　4　せんせいは ときどき がっこうに きます。

33　そふは けいさつかんです。
　　1　ちちの ちちは けいさつかんです。
　　2　ちちの ははは けいさつかんです。
　　3　ちちの きょうだいは けいさつかんです。
　　4　ちちの りょうしんは けいさつかんです。

34 いもうとは　まいにち　いそがしいです。
1　いもうとは　ときどき　にぎやかです。
2　いもうとは　ときどき　たのしいです。
3　いもうとは　いつも　ひまじゃ　ありません。
4　いもうとは　いつも　へたじゃ　ありません。

35 あいさんは　かなさんに　おもしろい　DVDを　かりました。
1　かなさんは　あいさんに　おもしろい　DVDを　かしました。
2　かなさんは　あいさんに　おもしろい　DVDを　もらいました。
3　あいさんは　かなさんに　おもしろい　DVDを　かしました。
4　あいさんは　かなさんに　おもしろい　DVDを　もらいました。

필승합격 모의고사　第1回　　　　　　　　問題用紙

N5
言語知識（文法）・読解
（50ぷん）

注　意
Notes

1. 試験が始まるまで、この問題用紙をあけないでください。
   Do not open this question booklet until the test begins.

2. この問題用紙を持ってかえることはできません。
   Do not take this question booklet with you after the test.

3. 受験番号となまえをしたの欄に、受験票とおなじようにかいてください。
   Write your examinee registration number and name clearly in each box below as written on your test voucher.

4. この問題用紙は、全部で15ページあります。
   This question booklet has 15 pages.

5. 問題には解答番号の 1 、 2 、 3 … があります。
   解答は、解答用紙にあるおなじ番号のところにマークしてください。
   One of the row numbers 1, 2, 3 … is given for each question. Mark your answer in the same row of the answer sheet.

受験番号　Examinee Registration Number	

なまえ　Name	

もんだい1 （　　）に 何を 入れますか。1・2・3・4から いちばん いい ものを 一つ えらんで ください。

(れい) きのう ともだち（　　）こうえんへ いきました。
　　　1 と　　2 を　　3 は　　4 や

(かいとうようし)　|（れい）| ● ② ③ ④ |

1 きょう しごとは 3時（　　）おわります。
　　1 が　　　　2 に　　　　3 は　　　　4 と

2 みち（　　）わたるとき、車に きを つけましょう。
　　1 が　　　　2 に　　　　3 を　　　　4 で

3 たべもの（　　）何が いちばん すきですか。
　　1 が　　　　2 で　　　　3 を　　　　4 へ

4 この みせには くだもの（　　）やさいが たくさん あります。
　　1 に　　　　2 を　　　　3 へ　　　　4 や

5 A「すてきな しゃしんですね。いつ とりましたか。」
　　 B「せんしゅう（　　）日曜日です。うみの 中で とりました。」
　　1 は　　　　2 に　　　　3 の　　　　4 と

6 A「もうすぐ テストですから、まいにち 3時間 べんきょうして います。」
　　 B「そうですか。それは たいへんです（　　）。がんばって ください。」
　　1 の　　　　2 ね　　　　3 た　　　　4 から

7 （　　）教室は わたしの へやより あかるいです。
　　1 こう　　　2 ここ　　　3 この　　　4 これ

8 きのう 食べた ケーキは （　　　） おいしくなかったです。
　1　よりも　　　2　よく　　　3　すぐ　　　4　あまり

9 わたしの まちでは きのう 雨が ふりました。きょう（　　　）雨が ふって います。
　1　に　　　2　の　　　3　を　　　4　も

10 学校の あとで ともだちの うちへ （　　　） 行きます。
　1　あそびに　　　2　あそんで　　　3　あそぶ　　　4　あそんだ

11 A「マリオさんは （　　　） 人ですか。」
　 B「あの かみが ながい 人です。」
　1　どう　　　2　どの　　　3　だれの　　　4　どこの

12 うちから えきまで （　　　） かかりますか。
　1　どうして　　　　　　　2　どちら
　3　どのぐらい　　　　　　4　どのように

13 この もんだいは とても むずかしいですから、（　　　） こたえが わかりません。
　1　だれが　　　2　だれに　　　3　だれも　　　4　だれより

14 （レストランで）
　 A「Bさん、のみものは （　　　） しますか。」
　 B「コーヒーが いいです。」
　1　なにに　　　2　なにも　　　3　なにが　　　4　なにを

15 A「あの しろい ぼうしを (   ) 人は だれですか。」
　B「田中先生ですよ。」
　1　かぶって　　　　　　　　　　2　かぶります
　3　かぶりながら　　　　　　　　4　かぶっている

16 林「みなさん、こちら、アリさんです。きょうから わたしたちの チームで
　　はたらきます。」
　アリ「はじめまして、アリです。これから よろしく (   )。」
　1　おねがいです　　　　　　　　2　おねがいします
　3　おねがいしました　　　　　　4　おねがいしましょう

もんだい2 ＿★＿に 入る ものは どれですか。1・2・3・4から いちばん いい ものを 一つ えらんで ください。

(もんだいれい)

　　A「いつ ＿＿＿ ＿＿＿ ★ ＿＿＿ か。」
　　B「3月です。」
　　　1 くに　　　2 へ　　　3 ごろ　　　4 かえります

(こたえかた)

1. ただしい 文を つくります。

　　A「いつ ＿＿＿＿ ＿＿＿＿ ★ ＿＿＿＿ か。」
　　　　　　　3 ごろ　　1 くに　　2 へ　　4 かえります
　　B「3月です。」

2. ＿★＿に 入る ばんごうを くろく ぬります。

　　　　　(かいとうようし)　(れい)　① ● ③ ④

17　A「大学 ＿＿＿ ＿＿＿ ★ ＿＿＿ ですか。」
　　B「すこし むずかしいです。」
　　　1 どう　　　2 の　　　3 は　　　4 べんきょう

18　わたしは 日本の ＿＿＿ ＿＿＿ ★ ＿＿＿ が すきです。
　　　1 うたう　　　2 うた　　　3 の　　　4 を

19　山川さんは ＿＿＿ ＿＿＿ ★ ＿＿＿ しています。
　　　1 おんがくを　　　　　　　2 しゅくだいを
　　　3 ながら　　　　　　　　　4 きき

20 この ＿＿＿ ＿＿＿ ★ ＿＿＿ すわないで ください。
　　1　では　　　　2　を　　　　3　教室　　　　4　たばこ

21 りょこうのとき、＿＿＿ ＿＿＿ ★ ＿＿＿ したり しました。
　　1　おてらへ　　　2　ふるい　　　3　スキーを　　　4　行ったり

もんだい3　22 から 26 に 何を 入れますか。ぶんしょうの いみを かんがえて、1・2・3・4から いちばん いい ものを 一つ えらんで ください。

　リーさんと ハンさんは「わたしの ともだち」の さくぶんを 書いて、クラスの みんなの 前で 読みます。

(1)　リーさんの さくぶん

　　　わたしの ともだちは、ミンさんです。ミンさんは、となりの へや 22 住んで います。いつも いっしょに ごはんを 食べます。
　　　ミンさんは よく じぶんの 国の テレビを 見ます。 23 、日本の テレビを ぜんぜん 見ません。わたしは 日本の テレビで 見た ことを ミンさんに 話します。ミンさんは とても いい ともだちです。

(2)　ハンさんの さくぶん

　　　わたしの ともだちは、テイさんです。テイさんは、今 ゆうめいな 会社で 24 。いつも 仕事が いそがしいですから、休みの 日が 少ないです。
　　　きのうは 25 から、いっしょに 買いものを して、レストランへ 行きました。わたしと テイさんは 学校の ことや 仕事の ことを 話しました。とても たのしかったです。また テイさんに 26 。

22
1 で　　　　　2 に　　　　3 へ　　　　4 を

23
1 でも　　　　2 もっと　　　3 では　　　4 あとで

24
1 働きましょう　　　　　2 働きません
3 働きました　　　　　　4 働いて います

25
1 休みです　　　　　　　2 休みじゃ ありません
3 休みでした　　　　　　4 休みじゃ ないです

26
1 会いましたか　　　　　2 会いたいです
3 会って いました　　　4 会いませんでした

もんだい4　つぎの　(1)から　(3)の　ぶんしょうを　読んで、しつもんに　こたえて
　　　　　ください。こたえは、1・2・3・4から　いちばん　いい　ものを
　　　　　一つ　えらんで　ください。

(1)
　わたしは　子どもの　とき、きらいな　食べものが　ありました。にくと　やさいは　好きでしたが、さかなは　好きじゃ　ありませんでした。今は、さかな料理も　大好きで、よく　食べます。でも、今　ダイエットを　していますから、あまいものは　食べません。

27　「わたし」は　子どもの　とき、何が　きらいでしたか。
　　1　にくが　きらいでした。
　　2　やさいが　きらいでした。
　　3　さかなが　きらいでした。
　　4　あまいものが　きらいでした。

(2)

メイさんが コウさんに 手紙を 書きました。

コウさんへ

映画の チケットが 2まい あります。いっしょに 行きませんか。
場所は、駅の 前の 映画館です。今週の 土曜日か 日曜日に
行きたいです。

コウさんは いつが いいですか。電話で 教えて ください。

メイ

---

28 コウさんは この 手紙を 読んだ あとで、どうしますか。
1 映画の チケットを 買います。
2 映画館へ 行きます。
3 メイさんの うちへ 行きます。
4 メイさんに 電話を かけます。

(3)
(学校で)
学生が この 紙を 見ました。

Aクラスの みなさんへ

高木先生が 病気に なりました。今日の 午後の 授業は ありません。あしたは 午後から 授業が あります。あさっては 午前だけ 授業が あります。

あさっての 授業で かんじの テストを しますから、テキストの 21ページから 23ページまでを べんきょうして ください。

12月15日
ASK日本語学校

---

29 いつ かんじの テストが ありますか。
1　12月15日　午前
2　12月16日　午後
3　12月17日　午前
4　12月18日　午後

もんだい5 つぎの ぶんしょうを 読んで、しつもんに こたえて ください。
こたえは、1・2・3・4から いちばん いい ものを 一つ えらんで ください。

これは リンさんが 書いた さくぶんです。

ルカさんと 出かけました

リン・ガク

　先週の 日曜日、朝ごはんを 食べた あとで、おべんとうを 作りました。わたしは 料理が 好きですから、いつも じぶんで ごはんを 作ります。それから、ルカさんと 会って、いっしょに 海へ およぎに 行きました。わたしは たくさん およぎました。でも、ルカさんは ①およぎませんでした。「きのう おそくまで おきて いましたから、ねむいです。」と 言って、休んで いました。そのあと、わたしが 作った おべんとうを いっしょに 食べました。

　ルカさんは 来週 たんじょうびですから、プレゼントを あげました。電車の 本です。ルカさんは、電車が 好きで、いつも 電車の 話を しますが、わたしは よく わかりません。きのう、図書館で ②電車の 本を かりました。この本を 読んで、ルカさんと 電車の 話を したいです。

30 ルカさんは　どうして　①およぎませんでしたか。
1　おべんとうを　作って、つかれたから
2　夜　おそくまで　おきていて、ねむかったから
3　電車の　本を　読みたかったから
4　たくさん　べんきょうを　したかったから

31 リンさんは　どうして　②電車の　本を　かりましたか。
1　ルカさんと　電車に　乗りたいから
2　ルカさんと　電車の　話を　したいから
3　ルカさんに　電車の　本を　あげたいから
4　ルカさんと　電車を　見に　行きたいから

もんだい6 右の ページを 見て、下の しつもんに こたえて ください。
こたえは、1・2・3・4から いちばん いい ものを 一つ えらんで
ください。

32 アンさんは 山川びじゅつかんへ 行きたいです。電車か バスに のって、
10時までに 行きたいです。電車や バスは 安い ほうが いいです。
アンさんは どの 行き方で 行きますか。

1 ①
2 ②
3 ③
4 ④

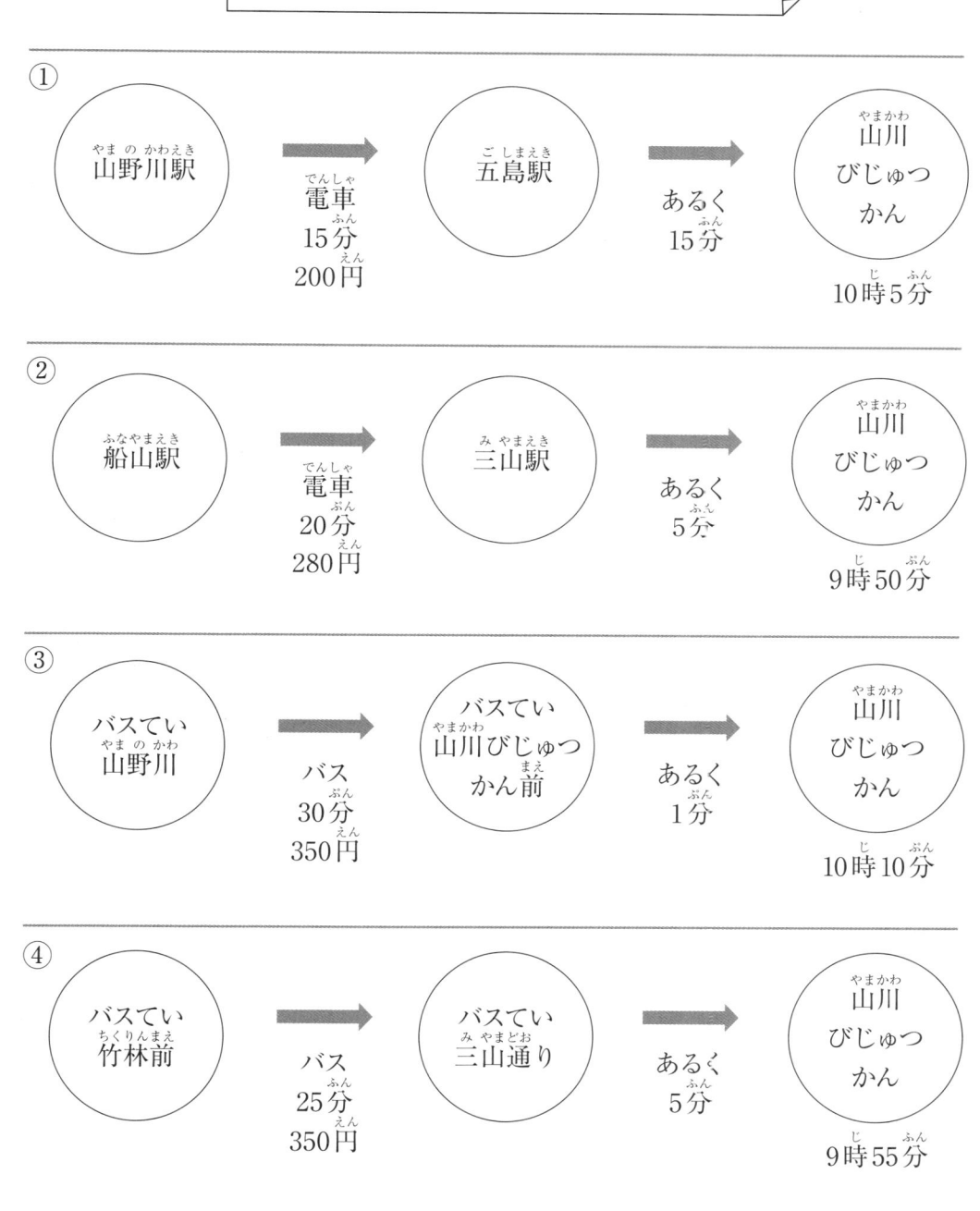

필승합격 모의고사　제1회　　　　　　　　　　　　問題用紙

N5
聴解
（30分）

注　意
Notes

1. 試験が始まるまで、この問題用紙を開けないでください。
   Do not open this question booklet until the test begins.

2. この問題用紙を持って帰ることはできません。
   Do not take this question booklet with you after the test.

3. 受験番号と名前を下の欄に、受験票と同じように書いてください。
   Write your examinee registration number and name clearly in each box below as written on your test voucher.

4. この問題用紙は、全部で14ページあります。
   This question booklet has 14 pages.

5. この問題用紙にメモをとってもいいです。
   You may make notes in this question booklet.

受験番号　Examinee Registration Number	

名前　Name	

もんだい1 🔊 N5_1_02

もんだい1では、はじめに　しつもんを　きいて　ください。それから　はなしを　きいて、もんだいようしの　1から4の　なかから、いちばん　いい　ものを　ひとつ　えらんで　ください。

れい 🔊 N5_1_03

1　どうぶつえん
2　えいがかん
3　くうこう
4　でんしゃの　えき

1ばん 🔊 N5_1_04

1

2

3

4

2ばん 🔊 N5_1_05

1

2
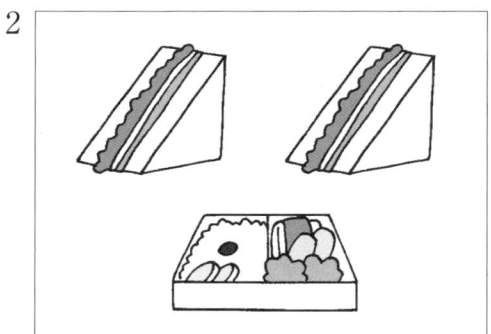

3

4

3ばん 🔊 N5_1_06

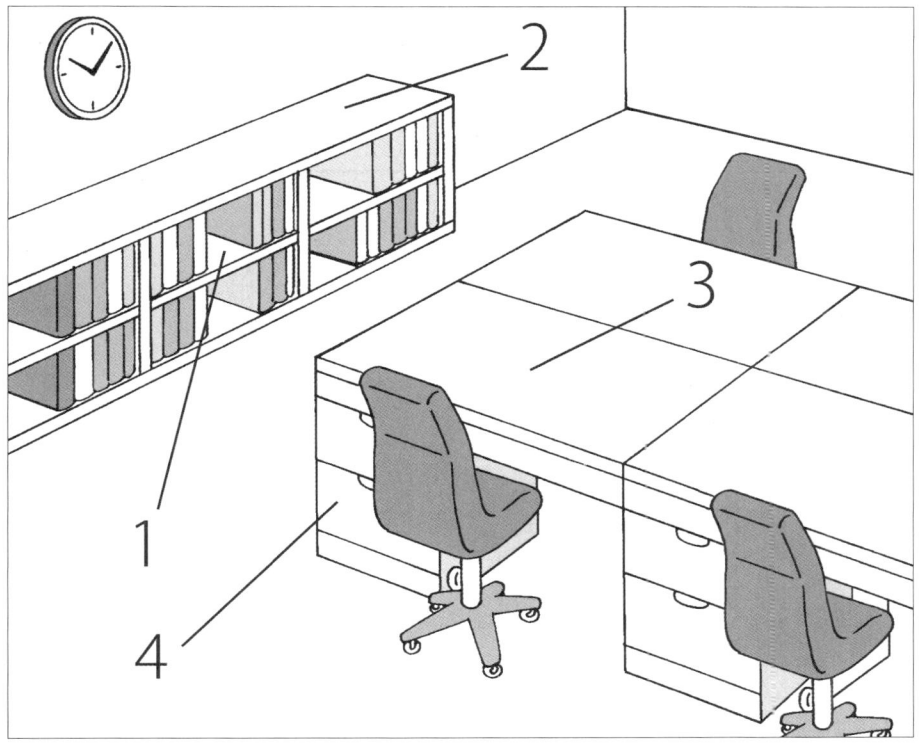

4ばん 🔊 N5_1_07

1　10:30
2　10:50
3　11:00
4　11:10

5ばん 🔊 N5_1_08

6ばん 🔊 N5_1_09

1 げつようび
2 かようび
3 すいようび
4 もくようび

7ばん N5_1_10

1

2

3

4

もんだい2 🔊 N5_1_11

もんだい2では、はじめに　しつもんを　きいて　ください。それから　はなしを　きいて、もんだいようしの　1から4の　なかから、いちばん　いい　ものを　ひとつ　えらんで　ください。

れい　🔊 N5_1_12

1　きょうの　3じ
2　きょうの　3じはん
3　あしたの　9じ
4　あしたの　10じ

1ばん 🔊 N5_1_13

1
2
3
4

2ばん 🔊 N5_1_14

1 プールへ およぎに いきます
2 テニスを します
3 レストランへ いきます
4 こうえんを さんぽします

3ばん 🔊 N5_1_15

1

2

3

4

4ばん 🔊 N5_1_16

1
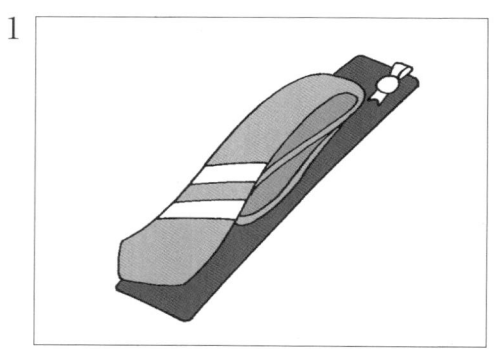

2
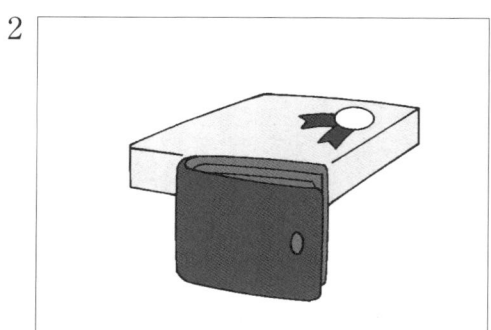

3

4

5ばん　N5_1_17

1　せんせい
2　かいしゃいん
3　ぎんこういん
4　いしゃ

6ばん　N5_1_18

1　みちが　わからなかったから
2　じてんしゃが　なかったから
3　しゅくだいを　わすれたから
4　てんきが　よかったから

もんだい3 🔊 N5_1_19

　もんだい3では、えを　みながら　しつもんを　きいて　ください。
➡（やじるし）の　ひとは　なんと　いいますか。1から3の　なかから、いちばん　いい　ものを　ひとつ　えらんで　ください。

れい 🔊 N5_1_20

1ばん 🔊 N5_1_21

2ばん 🔊 N5_1_22

3ばん 🔊 N5_1_23

4ばん 🔊 N5_1_24

5ばん

もんだい4 🔊 N5_1_26

　もんだい4は、えなどが ありません。ぶんを きいて、1から3の なかから、いちばん いい ものを ひとつ えらんで ください。

れい　🔊 N5_1_27

1ばん　🔊 N5_1_28

2ばん　🔊 N5_1_29

3ばん　🔊 N5_1_30

4ばん　🔊 N5_1_31

5ばん　🔊 N5_1_32

6ばん　🔊 N5_1_33

N5 げんごちしき (もじ・ごい)

第1回

じゅけんばんごう / Examinee Registration Number

なまえ / Name

〈ちゅうい Notes〉

1. くろいえんぴつ (HB、No.2) でかいてください。
   Use a black medium soft (HB or No.2) pencil.
   (ペンやボールペンではかかないでください。)
   (Do not use any kind of pen.)
2. かきなおすときは、けしゴムできれいにけしてください。
   Erase any unintended marks completely.
3. きたなくしたり、おったりしないでください。
   Do not soil or bend this sheet.
4. マークれい Marking Examples

よいれい Correct Example	わるいれい Incorrect Examples
●	⊗ ○ ◯ ◐ ① ⦸ ⬤

もんだい1

1	①	②	③	④
2	①	②	③	④
3	①	②	③	④
4	①	②	③	④
5	①	②	③	④
6	①	②	③	④
7	①	②	③	④
8	①	②	③	④
9	①	②	③	④
10	①	②	③	④
11	①	②	③	④
12	①	②	③	④

もんだい2

13	①	②	③	④
14	①	②	③	④
15	①	②	③	④
16	①	②	③	④
17	①	②	③	④
18	①	②	③	④
19	①	②	③	④
20	①	②	③	④

もんだい3

21	①	②	③	④
22	①	②	③	④
23	①	②	③	④
24	①	②	③	④
25	①	②	③	④
26	①	②	③	④
27	①	②	③	④
28	①	②	③	④
29	①	②	③	④
30	①	②	③	④

もんだい4

31	①	②	③	④
32	①	②	③	④
33	①	②	③	④
34	①	②	③	④
35	①	②	③	④

N5 げんごちしき(ぶんぽう)・どっかい

第1回

필승합격 모의고사 해답용지

じゅけんばんごう / Examinee Registration Number

なまえ / Name

〈ちゅうい Notes〉

1. くろいえんぴつ (HB、No.2) でかいて ください。
   Use a black medium soft (HB or No.2) pencil.
   (ペンやボールペンではかかないでくだ さい。)
   (Do not use any kind of pen.)
2. かきなおすときは、けしゴムできれい にけしてください。
   Erase any unintended marks completely.
3. きたなくしたり、おったりしないでくだ さい。
   Do not soil or bend this sheet.
4. マークれい Marking Examples

よいれい Correct Example	わるいれい Incorrect Examples
●	⊘ ◯ ◎ ⊙ ◐

もんだい1

1	①	②	③	④
2	①	②	③	④
3	①	②	③	④
4	①	②	③	④
5	①	②	③	④
6	①	②	③	④
7	①	②	③	④
8	①	②	③	④
9	①	②	③	④
10	①	②	③	④
11	①	②	③	④
12	①	②	③	④
13	①	②	③	④
14	①	②	③	④
15	①	②	③	④
16	①	②	③	④

もんだい2

17	①	②	③	④
18	①	②	③	④
19	①	②	③	④
20	①	②	③	④
21	①	②	③	④

もんだい3

22	①	②	③	④
23	①	②	③	④
24	①	②	③	④
25	①	②	③	④
26	①	②	③	④

もんだい4

27	①	②	③	④
28	①	②	③	④
29	①	②	③	④

もんだい5

30	①	②	③	④
31	①	②	③	④

もんだい6

32	①	②	③	④

N5 ちょうかい

第1回

じゅけんばんごう
Examinee Registration Number

なまえ
Name

〈ちゅうい Notes〉

1. くろいえんぴつ (HB、No.2) でかいて ください。
   Use a black medium soft (HB or No.2) pencil.
   (ペンやボールペンではかかないでください。)
   (Do not use any kind of pen.)
2. かきなおすときは、けしゴムできれいにけしてください。
   Erase any unintended marks completely.
3. きたなくしたり、おったりしないでください。
   Do not soil or bend this sheet.
4. マークれい Marking Examples

よいれい Correct Example	わるいれい Incorrect Examples
●	⊘ ○ ○ ◑ ○

もんだい1

れい	①	②	③	●
1	①	②	③	④
2	①	②	③	④
3	①	②	③	④
4	①	②	③	④
5	①	②	③	④
6	①	②	③	④
7	①	②	③	④

もんだい2

れい	①	②	③	④
1	①	●	③	④
2	①	②	③	④
3	①	②	③	④
4	①	②	③	④
5	①	②	③	④
6	①	②	③	④

もんだい3

れい	①	●	③
1	①	②	③
2	①	②	③
3	①	②	③
4	①	②	③
5	①	②	③

もんだい4

れい	①	②	③
1	①	②	③
2	①	②	③
3	①	②	③
4	①	②	③
5	①	②	③
6	①	②	③

필승합격일본어능력시험 N5 모의고사

제2회

음성파일과 채점표

필승합격 모의고사 제2회　　　　　　　もんだいようし

N5
げんごちしき（もじ・ごい）
（25ふん）

ちゅうい
Notes

1. しけんが はじまるまで、この もんだいようしを あけないで ください。
   Do not open this question booklet until the test begins.

2. この もんだいようしを もって かえる ことは できません。
   Do not take this question booklet with you after the test.

3. じゅけんばんごうと なまえを したの らんに、じゅけんひょうと おなじように かいて ください。
   Write your examinee registration number and name clearly in each box below as written on your test voucher.

4. この もんだいようしは、ぜんぶで 8ページ あります。
   This question booklet has 8 pages.

5. もんだいには かいとうばんごうの 1 、 2 、 3 … が あります。かいとうは、かいとうようしに ある おなじ ばんごうの ところに マークして ください。
   One of the row numbers 1 , 2 , 3 … is given for each question. Mark your answer in the same row of the answer sheet.

じゅけんばんごう　Examinee Registration Number	
なまえ　Name	

もんだい1 ＿＿＿の ことばは ひらがなで どう かきますか。
1・2・3・4から いちばん いい ものを ひとつ えらんで
ください。

(れい) その こどもは 小さいです。
　　　1　ちさい　　　2　ちいさい　　　3　じさい　　　4　じいさい

(かいとうようし)　| (れい) | ① ● ③ ④ |

1　しごとで 外国へ いきます。
　　1　がいくに　　　2　がいこく　　　3　そとくに　　　4　そとこく

2　マリアさんは 九月に けっこんしました。
　　1　くげつ　　　　　　　　2　くがつ
　　3　きゅうげつ　　　　　　4　きゅうがつ

3　きれいな 花ですね。
　　1　かお　　　2　はな　　　3　き　　　4　そら

4　ここへ 来ないで ください。
　　1　きないで　　　2　くないで　　　3　けないで　　　4　こないで

5　あさから 足が いたいです。
　　1　うで　　　2　あたま　　　3　あし　　　4　くび

6　この まちには おおきな 川が あります。
　　1　いけ　　　2　かわ　　　3　いえ　　　4　みち

7　なつやすみに 高い やまに のぼりました。
　　1　たかい　　　2　ひろい　　　3　きれい　　　4　とおい

8 ジュースが 何本 ほしいですか。
　　1 なにぽん　　2 なにほん　　3 なんぽん　　4 なんぽん

9 えきの 北に びじゅつかんが あります。
　　1 ひがし　　2 にし　　3 きた　　4 みなみ

10 かぎは つくえの 上に あります。
　　1 まえ　　2 よこ　　3 うえ　　4 した

11 先月 パーティーを しました。
　　1 せんげつ　　2 ぜんげつ　　3 せんがつ　　4 ぜんがつ

12 ここから みずが 出ます。
　　1 います　　2 します　　3 ねます　　4 でます

もんだい2 ＿＿＿の ことばは どう かきますか。1・2・3・4から
　　　　　いちばん いい ものを ひとつ えらんで ください。

（れい） この テレビは すこし やすいです。
　　　　　1 低い　　2 暗い　　3 安い　　4 悪い

（かいとうようし）　（れい）　① ② ● ④

13　わたしは あいすくりーむが すきです。
　　1 アイスクリーム　　　　　2 アイヌクリーム
　　3 アイスワリーム　　　　　4 アイヌワリーム

14　よるから あめが ふります。
　　1 朝　　　　2 昼　　　　3 夕　　　　4 夜

15　わたしは えいごを はなします。
　　1 読します　　2 語します　　3 話します　　4 詰します

16　よく みて ください。
　　1 見て　　　　2 貝て　　　　3 目て　　　　4 買て

17　はこの なかに なにを いれましたか。
　　1 白　　　　2 申　　　　3 本　　　　4 中

18　あおきさんと わたしは おなじ クラスです。
　　1 田じ　　　　2 回じ　　　　3 月じ　　　　4 同じ

19 りょうしんに　てがみを　かきます。
　　1　申きます　　　2　里きます　　　3　軍きます　　　4　書きます

20 らいしゅう、テストが　あります。
　　1　来週　　　　2　前週　　　　3　今週　　　　4　先週

もんだい3 （　　）に なにが はいりますか。1・2・3・4から いちばん いい ものを ひとつ えらんで ください。

（れい） きのう サッカーを （　　）しました。
　　1　れんしゅう　　2　こしょう
　　3　じゅんび　　　4　しゅうり

（かいとうようし）　｜（れい）　● ② ③ ④｜

21 しろい おさらを 4（　　） かいました。
　　1　はい　　　2　さつ　　　3　だい　　　4　まい

22 つぎの えきで でんしゃを （　　）。
　　1　とおります　2　とります　3　のります　4　おります

23 さむいですから まどを （　　） ください。
　　1　しめて　　2　いれて　　3　つけて　　4　けして

24 あきらくんは （　　） おとこのこです。
　　1　かんたんな　2　むりな　　3　べんりな　　4　げんきな

25 あついですから （　　） を つけましょう。
　　1　スプーン　2　コンビニ　3　エアコン　4　デザイン

26 せんせい、すみません。しゅくだいを （　　）。
　　1　はらいました　　　2　ひきました
　　3　まけました　　　　4　わすれました

27 この スープは とても （　　） です。
　　1　まるい　　2　つよい　　3　からい　　4　よわい

28 しゅうまつは、テストの （　　　） を　します。
　　1　そうじ　　　　2　べんきょう　　　3　しょくじ　　　　4　せんたく

29 あめでしたが、（　　　） が　ありませんでしたから、こまりました。
　　1　めいし　　　　2　かさ　　　　　　3　しゃしん　　　　4　とけい

30 この　みちを　（　　　）、みぎに　まがります。
　　1　きって　　　　2　もって　　　　　3　つくって　　　　4　わたって

もんだい4 ＿＿＿の ぶんと だいたい おなじ いみの ぶんが あります。
1・2・3・4から いちばん いい ものを ひとつ えらんで ください。

(れい) わたしは にほんごの ほんが ほしいです。
　　1　わたしは にほんごの ほんを もって います。
　　2　わたしは にほんごの ほんが わかります。
　　3　わたしは にほんごの ほんを うって います。
　　4　わたしは にほんごの ほんを かいたいです。

(かいとうようし)　| (れい) | ① | ② | ③ | ● |

31 ゆうべから あめが ふっています。
　　1　きのうの あさから あめが ふって います。
　　2　きのうの よるから あめが ふって います。
　　3　おとといの あさから あめが ふって います。
　　4　おとといの よるから あめが ふって います。

32 きょうしつは ひろくないです。
　　1　きょうしつは せまいです。
　　2　きょうしつは おおきいです。
　　3　きょうしつは ちかいです。
　　4　きょうしつは あかるいです。

33 あした しごとは やすみでは ありません。
　　1　あした しごとを しません。
　　2　あした しごとを やすみます。
　　3　あした しごとに いきます。
　　4　あした しごとに いきません。

34 このまちは　とても　しずかです。
　　1　このまちは　とても　きれいです。
　　2　このまちは　とても　つまらないです。
　　3　このまちは　にぎやかじゃ　ありません。
　　4　このまちは　じょうぶじゃ　ありません。

35 くうこうまで　ともだちを　おくりました。
　　1　ともだちは　ひとりで　くうこうへ　いきました。
　　2　ともだちを　くうこうへ　つれていきました。
　　3　ともだちが　くうこうに　きました。
　　4　ともだちに　くうこうで　あいました。

필승합격 모의고사 第2回　　　　　　　　　　問題用紙

N5
言語知識（文法）・読解
（50ぷん）

注　意
Notes

1. 試験が始まるまで、この問題用紙をあけないでください。
   Do not open this question booklet until the test begins.

2. この問題用紙を持ってかえることはできません。
   Do not take this question booklet with you after the test.

3. 受験番号となまえをしたの欄に、受験票とおなじようにかいてください。
   Write your examinee registration number and name clearly in each box below as written on your test voucher.

4. この問題用紙は、全部で15ページあります。
   This question booklet has 15 pages.

5. 問題には解答番号の 1 、 2 、 3 … があります。
   解答は、解答用紙にあるおなじ番号のところにマークしてください。
   One of the row numbers 1, 2, 3 … is given for each question. Mark your answer in the same row of the answer sheet.

受験番号　Examinee Registration Number

なまえ　Name

もんだい1　（　　）に　何を　入れますか。1・2・3・4から　いちばん　いい　ものを　一つ　えらんで　ください。

(れい)　きのう　ともだち（　　）　こうえんへ　いきました。
　　　　1　と　　　2　を　　　3　は　　　4　や

(かいとうようし)　｜(れい)　● ① ③ ④｜

1　まりさんの　うちは　かわの　そば（　　）　あります。
　　1　が　　　　　2　に　　　　　3　で　　　　　4　へ

2　あれは　にほん（　　）　くるまです。
　　1　の　　　　　2　は　　　　　3　が　　　　　4　と

3　テレビを　見て（　　）、しゅくだいを　します。
　　1　あと　　　　2　さき　　　　3　より　　　　4　から

4　毎日　よる　8時（　　）　べんきょうします。
　　1　で　　　　　2　まえ　　　　3　まで　　　　4　では

5　なつやすみに　アメリカへ　りょこう（　　）　行きます。
　　1　を　　　　　2　に　　　　　3　と　　　　　4　は

6　A「名前は　何で　かきますか。」
　　B「くろ（　　）　あおの　ペンで　かいて　ください。」
　　1　で　　　　　2　の　　　　　3　か　　　　　4　も

7　（　　）とき、いっしょに　出かけませんか。
　　1　ひまです　　2　ひまだ　　　3　ひまの　　　4　ひまな

8 きょねんは　1かい（　　）　きょうとへ　行きました。
　1　とき　　　　2　いつ　　　3　だけ　　　　4　から

9 A「この　ペンは　（　　）ですか。」
　B「あ、わたしのです。」
　1　どこの　　　2　いつの　　　3　だれの　　　　4　なんの

10 田中先生「時間です。テストは　おわりです。」
　マリア「先生、ケンさんが　まだ　（　　）。」
　田中先生「ケンさん、おわりですよ。テストを　出して　ください。」
　1　かいて　います　　　　　2　かきません
　3　かきました　　　　　　　4　かきませんでした

11 A「スミスさんは　（　　）人ですか。」
　B「とても　やさしい　人です。」
　1　なに　　　　2　どんな　　　3　どう　　　　4　だれ

12 国へ　帰る　（　　）、おみやげを　買います。
　1　まえは　　　2　まえに　　　3　あとは　　　　4　あとに

13 国では　日本語を　（　　）　べんきょう　しませんでした。
　1　ぜんぜん　　2　ちょうど　　3　もういちど　　4　とても

14 いえの　なかには　だれも　（　　）。
　1　います　　　2　あります　　3　いません　　　4　ありません

[15] A「12時です。昼ごはんを　（　　　）。」
B「そうですね。じゃあ、あと　10分　しごとを　して、そのあとで　食べましょう。」
　1　食べませんか　　　　　　2　食べましたか
　3　食べたからです　　　　　4　食べたくないです

[16] 店の人「オレンジジュースと　ハンバーガー　ふたつ　ですね。ぜんぶで　450円です。」
中田「え、すみません。（　　　）。」
店の人「450円です。」
　1　どちらですか　　　　　　2　なんじですか
　3　どなたですか　　　　　　4　いくらですか

もんだい2 ＿★＿に 入る ものは どれですか。1・2・3・4から いちばん
いい ものを 一つ えらんで ください。

(もんだいれい)

　　A「いつ ＿＿＿ ＿＿＿ ＿★＿ ＿＿＿ か。」
　　B「3月です。」
　　1　くに　　　2　へ　　　3　ごろ　　　4　かえります

(こたえかた)

1. ただしい 文を つくります。

   A「いつ ＿＿＿ ＿＿＿ ＿★＿ ＿＿＿ か。」
   　　　　3　ごろ　　1　くに　　2　へ　　4　かえります
   B「3月です。」

2. ＿★＿に 入る ばんごうを くろく ぬります。

   (かいとうよう し)　(れい)　① ● ③ ④

17　わたしの へや ＿＿＿ ＿＿＿ ＿★＿ ＿＿＿ ひろいです。
　　1　が　　　2　は　　　3　です　　　4　ふるい

18　これは ＿＿＿ ＿＿＿ ＿★＿ ＿＿＿ ありません。
　　1　の　　　2　ことし　　3　じゃ　　　4　カレンダー

19　村田「キムさんの ＿＿＿ ＿＿＿ ＿★＿ ＿＿＿ 何ですか。」
　　キム「かぞくです。」
　　1　たいせつな　2　は　　　3　もの　　　4　いちばん

20 わたしの　いもうと ____ ____ ★ ____ です。
　　1　ながい　　　2　かみ　　　　3　が　　　　　4　は

21 この　しゅくだいは ____ ____ ★ ____ ください。
　　1　まで　　　　2　火曜日（かようび）　3　出（だ）して　　　4　に

もんだい3　22 から 26 に 何を 入れますか。ぶんしょうの いみを
かんがえて、1・2・3・4から いちばん いい ものを 一つ
えらんで ください。

　リンさんと ソウさんは 「夏休み」の さくぶんを 書いて、クラスの みんなの 前で 読みます。

(1)　リンさんの さくぶん

　　夏休みに 友だちと 海に 行きました。わたしの 町から 海まで、電車で 2時間ぐらい かかりました。海には、人が 22 いました。わたしたちは 海で およいだり、ボールで あそんだり しました。海の 中は、水が とても きれいで、小さい さかなも いました。来年も 友だちと 海に 23 。

(2)　ソウさんの さくぶん

　　夏休みは とても あつかったです。わたしは あついのが きらいですから、24 出かけませんでした。学校が ある 日は 勉強が いそがしいです。25 、夏休みは 時間が ありましたから、わたしは 毎日 うちで アニメを 見ました。ずっと 見たかった アニメです。みなさんは アニメが 好きですか。こんど わたしと いっしょに アニメを 26 。

22
1 よく　　　　2 これから　　3 たくさん　　　　4 もうすぐ

23
1 行きたいです　　　　　2 行きません
3 行って います　　　　4 行きました

24
1 すぐ　　　　2 あまり　　　3 よく　　　　　4 すこし

25
1 でも　　　　2 だから　　　3 それから　　　4 それに

26
1 見ましょう　　　　　　2 見ないで ください
3 見て いましたか　　　4 見ませんでしたか

もんだい4 つぎの (1)から (3)の ぶんしょうを 読んで、しつもんに こたえて
ください。こたえは、1・2・3・4から いちばん いい ものを
一つ えらんで ください。

(1)
　今日 学校の 前に 本やへ 行きました。でも、わたしが 読みたい 本は
ありませんでした。それから、図書館へ 行って、本を かりました。かりた本を
きょうしつで 少し 読みました。この 本は 来月 図書館に かえします。

27 「わたし」は 今日 何を しましたか。
1　本やで 本を 買いました。
2　図書館で 本を 読みました。
3　図書館に 本を かえしました。
4　学校で 本を 読みました。

(2)
(学校で)
学生が この 紙を 見ました。

学生の みなさんへ

来週の 月曜日は かんじの テストです。テストは 10時40分から、142きょうしつで します。

9時から 10時35分までは 141きょうしつで ぶんぽうの じゅぎょうを します。

じゅぎょうの あと、141きょうしつで 待っていて ください。先生が 名前を よびに 行きます。

---

28 テストの 日、学生は 何を しますか。

1 9時に 学校へ 行って、じゅぎょうの あと、先生を 待ちます。
2 9時に 学校へ 行って、テストの あと、みんなで 142きょうしつに 行きます。
3 10時40分に 学校へ 行って、142きょうしつで テストを します。
4 10時40分に 学校へ 行って、141きょうしつで 先生を 待ちます。

(3)
吉田さんから ファンさんに メールが 来ました。

ファンさん

　きのう 家族から くだものを もらいましたから、ファンさんに あげたいです。ファンさんの へやに 持って 行っても いいですか。ファンさんが へやに いる 時間を 教えて ください。

　わたしは 今日 夕方まで 学校が ありますが、そのあとは ひまです。あしたの 夜は アルバイトが ありますが、昼までなら いつでも だいじょうぶです。

　　　　　　　　　　　　　　　　　　　　　　　　　吉田

---

29 吉田さんは いつ 時間が ありますか。
1 今日の 夜、あしたの 朝
2 今日の 夜、あしたの 夜
3 今日の 昼、あしたの 昼
4 あしたの 朝、あしたの 夜

もんだい5 つぎの ぶんしょうを 読んで、しつもんに こたえて ください。
こたえは、1・2・3・4から いちばん いい ものを 一つ えらんで ください。

これは ワンさんが 書いた さくぶんです。

日本の テレビ

ワン・チェン

わたしは 先月、友だちに テレビを もらいました。大きい テレビです。日本に 来て はじめて テレビを 見ました。ニュースを 見ましたが、日本語が むずかしくて ぜんぜん わかりませんでした。

先週、テレビで わたしの 町の ニュースを 見ました。わたしの 町の おまつりの ニュースでした。日本語は むずかしかったですが、少し わかりました。とても うれしかったです。

わたしは、毎朝 テレビで ニュースを 見て、ニュースの 日本語を おぼえます。学校の 教科書に ない ことばも おぼえます。日本語の 勉強が できますから、とても いいです。学校へ 行くときは、電車の 中で スマホで 国の ニュースを 見ます。国の ニュースは よく わかりますから、たのしいです。

あしたは 学校が 休みですから、友だちが わたしの うちへ 来ます。友だちと いっしょに テレビで 日本の ニュースを 見て 新しい ことばを 勉強します。

30 どうして　うれしかったですか。
1　大きい　テレビを　もらったから
2　日本で　はじめて　テレビを　見たから
3　おまつりが　たのしかったから
4　日本の　ニュースが　少し　わかったから

31 ワンさんは　あした　友だちと　何を　しますか。
1　スマホで　国の　ニュースを　見ます。
2　テレビで　日本の　ニュースを　見ます。
3　教科書の　勉強を　します。
4　電車で　学校へ　行きます。

もんだい6 右の ページを 見て、下の しつもんに こたえて ください。
こたえは、1・2・3・4から いちばん いい ものを 一つ えらんで
ください。

32 田中さんは 友だちと いっしょに スポーツが したいです。田中さんは 月曜日から 金曜日まで 学校と アルバイトが ありますから、スポーツは できません。休みの 日の 午前中は べんきょうを します。田中さんは どの スポーツを しますか。

1 サッカー
2 バスケットボール
3 バレーボール
4 テニス

さくら市 スポーツクラブの お知らせ

さくら市の スポーツクラブを しょうかいします。
みんなで スポーツを しませんか。

★さくらFC
金曜日の 夜に サッカーを します。
子どもから おとなまで いろいろな 人が います!

★SAKURAバスケットチーム
土曜日の 10時から 12時まで バスケットボールを しています。
友だちも たくさん できますよ!

★バレーボールクラブ
日曜日の 夕方に たのしく バレーボールを しましょう!
バレーボールを したい人は だれでも だいじょうぶです!

★サクラテニス
毎週、日曜日の 朝に テニスを します。
はじめての 人にも やさしく おしえます!

필승합격 모의고사　第2回　　　　　　　　問題用紙

N5
聴解
（30分）

注　意
Notes

1. 試験が始まるまで、この問題用紙を開けないでください。
   Do not open this question booklet until the test begins.

2. この問題用紙を持って帰ることはできません。
   Do not take this question booklet with you after the test.

3. 受験番号と名前を下の欄に、受験票と同じように書いてください。
   Write your examinee registration number and name clearly in each box below as written on your test voucher.

4. この問題用紙は、全部で14ページあります。
   This question booklet has 14 pages.

5. この問題用紙にメモをとってもいいです。
   You may make notes in this question booklet.

受験番号　Examinee Registration Number

名前　Name

もんだい1　🔊 N5_2_02

　もんだい1では、はじめに　しつもんを　きいて　ください。それから　はなしを
きいて、もんだいようしの　1から4の　なかから、いちばん　いい　ものを　ひとつえらんで　ください。

れい　🔊 N5_2_03

1　どうぶつえん
2　えいがかん
3　くうこう
4　でんしゃの　えき

1ばん 🔊 N5_2_04

1
なまえ	John Brown
じゅうしょ	東京都新宿区X-X-X (とうきょうとしんじゅくく)
でんわばんごう	090-XXXX-XXXX

2
なまえ	ジョン・ブラウン
じゅうしょ	東京都新宿区X-X-X (とうきょうとしんじゅくく)
でんわばんごう	090-XXXX-XXXX

3
なまえ	John Brown
じゅうしょ	東京都新宿区X-X-X (トウキョウトシンジュクク)
でんわばんごう	090-XXXX-XXXX

4
なまえ	ジョン・ブラウン
じゅうしょ	東京都新宿区X-X-X (トウキョウトシンジュクク)
でんわばんごう	090-XXXX-XXXX

2ばん 🔊 N5_2_05

1

2

3

4

3ばん 🔊 N5_2_06

4ばん 🔊 N5_2_07

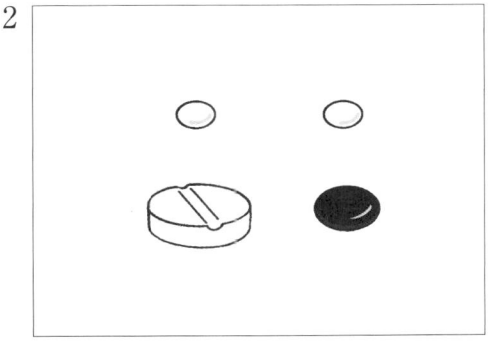
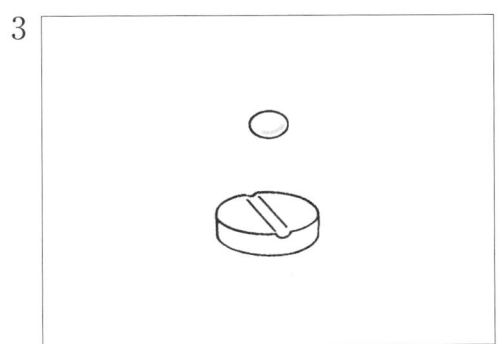
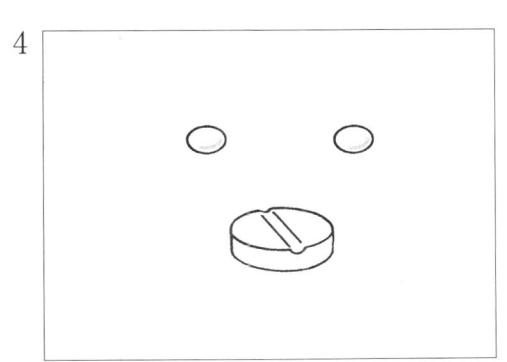

5ばん 🔊 N5_2_08

1　どようびの　ひる
2　どようびの　よる
3　にちようびの　ひる
4　にちようびの　よる

6ばん 🔊 N5_2_09

1　きょうしつで　しゅくだいを　します
2　せんせいに　でんわを　します
3　せんせいが　いる　クラスに　いきます
4　せんせいの　つくえに　しゅくだいを　おきます

7ばん 🔊 N5_2_10

1
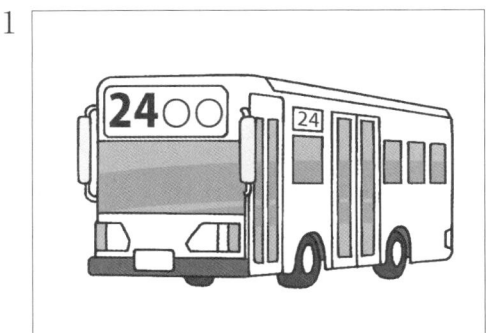

2

3

4

もんだい2 🔊 N5_2_11

　もんだい2では、はじめに　しつもんを　きいて　ください。それから　はなしを
きいて、もんだいようしの　1から4の　なかから、いちばん　いい　ものを　ひとつえらんで　ください。

れい 🔊 N5_2_12

1　きょうの　3じ
2　きょうの　3じはん
3　あしたの　9じ
4　あしたの　10じ

1ばん 🔊 N5_2_13

1

2

3

4

2ばん 🔊 N5_2_14

1　230えん
2　240えん
3　300えん
4　320えん

3ばん 🔊 N5_2_15

1

2

3

4

4ばん 🔊 N5_2_16

1
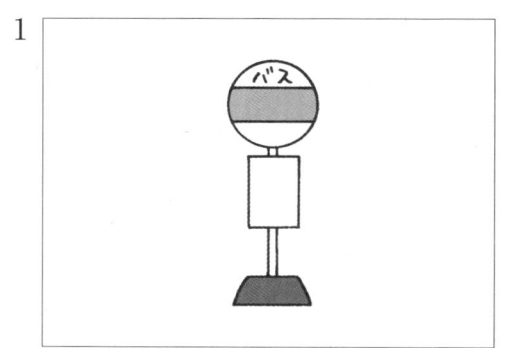

2
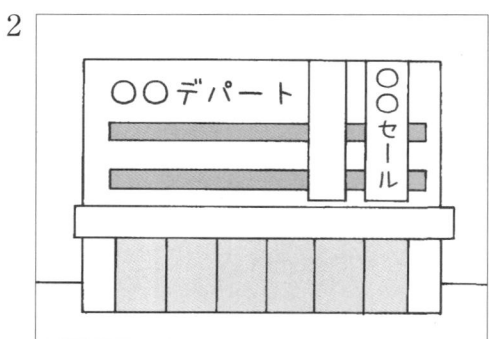

3

4
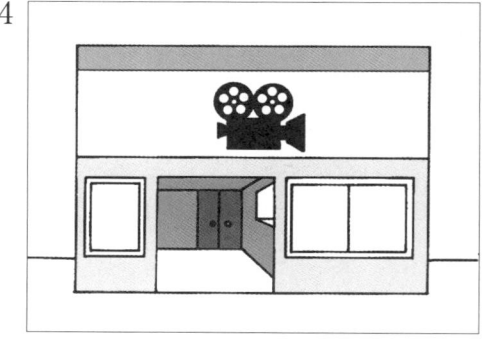

5ばん 🔊 N5_2_17

1　げつようび
2　かようび
3　すいようび
4　もくようび

6ばん 🔊 N5_2_18

1　二人(ふたり)
2　三人(さんにん)
3　四人(よにん)
4　五人(ごにん)

もんだい3 🔊 N5_2_19

もんだい3では、えを みながら しつもんを きいて ください。
➡（やじるし）の ひとは なんと いいますか。1から3の なかから、いちばん いい ものを ひとつ えらんで ください。

れい 🔊 N5_2_20

1ばん N5_2_21

2ばん N5_2_22

3ばん 🔊 N5_2_23

4ばん 🔊 N5_2_24

5ばん N5_2_25

もんだい4 🔊 N5_2_26

もんだい4は、えなどが ありません。ぶんを きいて、1から3の なかから、いちばん いい ものを ひとつ えらんで ください。

れい 🔊 N5_2_27

1ばん 🔊 N5_2_28

2ばん 🔊 N5_2_29

3ばん 🔊 N5_2_30

4ばん 🔊 N5_2_31

5ばん 🔊 N5_2_32

6ばん 🔊 N5_2_33

필승합격 모의고사 해답용지

N5 げんごちしき (もじ・ごい)

第2回

じゅけんばんごう
Examinee Registration Number

なまえ
Name

〈ちゅうい Notes〉

1. くろいえんぴつ (HB、No.2) でかいて ください。
   Use a black medium soft (HB or No.2) pencil.
   (ペンやボールペンではかかないでください。)
   (Do not use any kind of pen.)
2. かきなおすときは、けしゴムできれいに けしてください。
   Erase any unintended marks completely.
3. きたなくしたり、おったりしないでください。
   Do not soil or bend this sheet.
4. マークれい Marking Examples

よいれい Correct Example	わるいれい Incorrect Examples
●	⊘ ○ ◐ ◑ ⊖ ◍

もんだい1

1	①	②	③	④
2	①	②	③	④
3	①	②	③	④
4	①	②	③	④
5	①	②	③	④
6	①	②	③	④
7	①	②	③	④
8	①	②	③	④
9	①	②	③	④
10	①	②	③	④
11	①	②	③	④
12	①	②	③	④

もんだい2

13	①	②	③	④
14	①	②	③	④
15	①	②	③	④
16	①	②	③	④
17	①	②	③	④
18	①	②	③	④
19	①	②	③	④
20	①	②	③	④

もんだい3

21	①	②	③	④
22	①	②	③	④
23	①	②	③	④
24	①	②	③	④
25	①	②	③	④
26	①	②	③	④
27	①	②	③	④
28	①	②	③	④
29	①	②	③	④
30	①	②	③	④

もんだい4

31	①	②	③	④
32	①	②	③	④
33	①	②	③	④
34	①	②	③	④
35	①	②	③	④

N5 げんごちしき (ぶんぽう)・どっかい

第2回

じゅけんばんごう / Examinee Registration Number

なまえ / Name

〈ちゅうい Notes〉

1. くろいえんぴつ (HB、No.2) でかいて ください。
   Use a black medium soft (HB or No.2) pencil.
   (ペンやボールペンではかかないでください。)
   (Do not use any kind of pen.)
2. かきなおすときは、けしゴムできれいに けしてください。
   Erase any unintended marks completely.
3. きたなくしたり、おったりしないでください。
   Do not soil or bend this sheet.
4. マークれい Marking Examples

よいれい Correct Example	わるいれい Incorrect Examples
●	⊘ ○ ◎ ⊕ ◐ ●

もんだい1

1	① ② ③ ④
2	① ② ③ ④
3	① ② ③ ④
4	① ② ③ ④
5	① ② ③ ④
6	① ② ③ ④
7	① ② ③ ④
8	① ② ③ ④
9	① ② ③ ④
10	① ② ③ ④
11	① ② ③ ④
12	① ② ③ ④
13	① ② ③ ④
14	① ② ③ ④
15	① ② ③ ④
16	① ② ③ ④

もんだい2

17	① ② ③ ④
18	① ② ③ ④
19	① ② ③ ④
20	① ② ③ ④
21	① ② ③ ④

もんだい3

22	① ② ③ ④
23	① ② ③ ④
24	① ② ③ ④
25	① ② ③ ④
26	① ② ③ ④

もんだい4

27	① ② ③ ④
28	① ② ③ ④
29	① ② ③ ④

もんだい5

| 30 | ① ② ③ ④ |
| 31 | ① ② ③ ④ |

もんだい6

| 32 | ① ② ③ ④ |

N5 ちょうかい 第2回

じゅけんばんごう
Examinee Registration Number

なまえ
Name

もんだい1

れい	①	②	③	●
1	①	②	③	④
2	①	②	③	④
3	①	②	③	④
4	①	②	③	④
5	①	②	③	④
6	①	②	③	④
7	①	②	③	④

もんだい2

れい	①	②	③	●
1	①	②	③	④
2	①	②	③	④
3	①	②	③	④
4	①	②	③	④
5	①	②	③	④
6	①	②	③	④

もんだい3

れい	●	②	③
1	①	②	③
2	①	②	③
3	①	②	③
4	①	②	③
5	①	②	③

もんだい4

れい	①	●	③
1	①	②	③
2	①	②	③
3	①	②	③
4	①	②	③
5	①	②	③
6	①	②	③

〈ちゅうい Notes〉

1. くろいえんぴつ (HB、No.2) でかいてください。
   Use a black medium soft (HB or No.2) pencil.
   (ペンやボールペンではかかないでください。)
   (Do not use any kind of pen.)
2. かきなおすときは、けしゴムできれいにけしてください。
   Erase any unintended marks completely.
3. きたなくしたり、おったりしないでください。
   Do not soil or bend this sheet.
4. マークれい Marking Examples

よいれい Correct Example	わるいれい Incorrect Examples
●	⊗ ○ ◎ ◯ ◑ ⦵

필승합격일본어능력시험 N5 모의고사

제3회

음성파일과 채점표

필승합격 모의고사　第3회　　　　　　　　　もんだいようし

N5
げんごちしき (もじ・ごい)
(25ふん)

ちゅうい
Notes

1. しけんが　はじまるまで、この　もんだいようしを　あけないで　ください。
   Do not open this question booklet until the test begins.

2. この　もんだいようしを　もって　かえる　ことは　できません。
   Do not take this question booklet with you after the test.

3. じゅけんばんごうと　なまえを　したの　らんに、じゅけんひょうと　おなじように　かいて　ください。
   Write your examinee registration number and name clearly in each box below as written on your test voucher.

4. この　もんだいようしは、ぜんぶで　8ページ　あります。
   This question booklet has 8 pages.

5. もんだいには　かいとうばんごうの　1、2、3…が　あります。かいとうは、かいとうようしに　ある　おなじ　ばんごうの　ところに　マークして　ください。
   One of the row numbers 1, 2, 3 … is given for each question. Mark your answer in the same row of the answer sheet.

じゅけんばんごう　Examinee Registration Number	
なまえ　Name	

もんだい1 ＿＿＿の ことばは ひらがなで どう かきますか。
1・2・3・4から いちばん いい ものを ひとつ えらんで
ください。

(れい) その こどもは 小さいです。
　　　1　ちさい　　　2　ちいさい　　　3　じさい　　　4　じいさい

(かいとうようし)

1　7じに うちへ 帰ります。
　　1　かいります　　　　　　　2　かえります
　　3　もどります　　　　　　　4　もとります

2　いっしょに お茶を のみませんか。
　　1　みす　　　　2　みず　　　3　ちゃ　　　4　ぢゃ

3　自転車で こうえんへ いきます。
　　1　じでんしゃ　　　　　　　2　じてんしゃ
　　3　じどうしゃ　　　　　　　4　じとうしゃ

4　きょうは 暑い ですね。
　　1　さむい　　　2　さぶい　　　3　あづい　　　4　あつい

5　このケーキは 六百円です。
　　1　ろくひゃく　　　　　　　2　ろっひゃく
　　3　ろくびゃく　　　　　　　4　ろっぴゃく

6　あねは 1989ねんに 生まれました。
　　1　うまれました　　　　　　2　いまれました
　　3　きまれました　　　　　　4　くまれました

7 毎月 えいがを みます。
　　1 まいがつ　　　2 まいつき　　　3 めいがつ　　　4 めいつき

8 この コートは すこし 長いです。
　　1 ひろい　　　　2 せまい　　　　3 ながい　　　　4 みじかい

9 赤い セーターを かいたいです。
　　1 あおい　　　　2 あかい　　　　3 しろい　　　　4 くろい

10 花火を みに いきます。
　　1 はねひ　　　　2 はねび　　　　3 はなひ　　　　4 はなび

11 この へやは 明るい です。
　　1 あかるい　　　2 あきるい　　　3 あくるい　　　4 あけるい

12 テレビの 音を おおきく します。
　　1 おと　　　　　2 こえ　　　　　3 いろ　　　　　4 あじ

もんだい2 ＿＿＿の ことばは どう かきますか。1・2・3・4から
いちばん いい ものを ひとつ えらんで ください。

(れい) この テレビは すこし やすいです。
　　　　1　低い　　　2　暗い　　　3　安い　　　4　悪い

(かいとうようし)　| (れい) | ① ② ● ④ |

13　なまえを ぽーるぺんで かいて ください。
　　1　ボーレペン　　　　　　2　ボールペン
　　3　ボーレペシ　　　　　　4　ボールペシ

14　あまり げんきじゃ ありません。
　　1　干気　　　2　元気　　　3　干汽　　　4　元汽

15　わたしは あさ しんぶんを よみます。
　　1　書みます　　2　話みます　　3　買みます　　4　読みます

16　あした あにに あいます。
　　1　父　　　2　兄　　　3　弟　　　4　母

17　でんしゃで がっこうへ いきます。
　　1　雷車　　　2　雷話　　　3　電車　　　4　電話

18　いもうとは しょうがくせいです。
　　1　小学生　　2　中学生　　3　高校生　　4　大学生

19 わたしの まちには おおきな えいがかんが あります。
　　1　駅　　　　　2　市　　　　　3　町　　　　　4　村

20 かいしゃまで あるいて いきます。
　　1　会仕　　　　2　会社　　　　3　公仕　　　　4　公社

もんだい3 （　　）に なにが はいりますか。1・2・3・4から いちばん
　　　　　いい ものを ひとつ えらんで ください。

（れい） きのう サッカーを （　　）しました。
　　　1　れんしゅう　　　2　こしょう
　　　3　じゅんび　　　　4　しゅうり

（かいとうようし）　（れい）　● ② ③ ④

21　にほんりょうりの （　　）で ばんごはんを たべました。
　　1　メートル　　　　　　　2　サングラス
　　3　レストラン　　　　　　4　ハンサム

22　としょかんへ ほんを （　　） いきました。
　　1　かえりに　　2　かえしに　　3　あそびに　　4　わすれに

23　この まちは いろいろな みせが ありますから、（　　）です。
　　1　へた　　　2　じょうず　　3　しずか　　4　べんり

24　インフルエンザの ときは、くすりを （　　） ください。
　　1　のんで　　2　たべて　　3　やんで　　4　よんで

25　ぎゅうにゅうを 7（　　） ください。
　　1　まい　　　2　こ　　　3　さつ　　　4　ほん

26　ゆうがたから あめですから、かさを （　　） でかけます。
　　1　もって　　2　かいて　　3　きて　　4　して

27　（　　）の たんじょうびに カメラを もらいました。
　　1　らいげつ　　2　きょねん　　3　あさって　　4　こんばん

28 30ぷん　まえから　ともだちを　（　　）　いますが、きません。
　　1　かって　　　　2　とって　　　3　まって　　　4　あって

29 ほんやの　となりに　（　　）が　ありますか。
　　1　なに　　　　　2　いつ　　　　3　どこ　　　　4　だれ

30 よるは　いつも　10じに　おふろに　（　　）。
　　1　きります　　　2　います　　　3　あびます　　4　はいります

もんだい4 ＿＿＿の ぶんと だいたい おなじ いみの ぶんが あります。
1・2・3・4から いちばん いい ものを ひとつ えらんで ください。

(れい) わたしは にほんごの ほんが ほしいです。
　　1 わたしは にほんごの ほんを もって います。
　　2 わたしは にほんごの ほんが わかります。
　　3 わたしは にほんごの ほんを うって います。
　　4 わたしは にほんごの ほんを かいたいです。

(かいとうようし) | (れい) | ① ② ③ ● |

31 がっこうは きのうから あさってまで やすみです。
　　1 がっこうは ふつかかん やすみです。
　　2 がっこうは みっかかん やすみです。
　　3 がっこうは よっかかん やすみです。
　　4 がっこうは いつかかん やすみです。

32 しゅうまつは ひまじゃ ありませんでした。
　　1 しゅうまつは きれいでした。
　　2 しゅうまつは にぎやかでした。
　　3 しゅうまつは たのしかったです。
　　4 しゅうまつは いそがしかったです。

33 あには えいごの きょうしです。
　　1 あには えいごを おしえて います。
　　2 あには えいごを ならって います。
　　3 あには えいごを べんきょうして います。
　　4 あには えいごを よんで います。

34 つまは およぐのが じょうずじゃ ありません。
  1 つまは およぐのが きらいです。
  2 つまは およぐのが すきです。
  3 つまは およぐのが へたです。
  4 つまは およぐのが かんたんです。

35 ははは いもうとに かばんを かしました。
  1 ははは いもうとに かばんを あげました。
  2 ははは いもうとに かばんを かりました。
  3 いもうとは ははに かばんを あげました。
  4 いもうとは ははに かばんを かりました。

필승합격 모의고사　第3回　　　　　　　　　　　　問題用紙
もんだいようし

N5
言語知識（文法）・読解
げんごちしき　ぶんぽう　どっかい
（50ぷん）

注意
ちゅうい
Notes

1. 試験が始まるまで、この問題用紙をあけないでください。
   しけん　はじ　　　　　　　もんだいようし
   Do not open this question booklet until the test begins.

2. この問題用紙を持ってかえることはできません。
   もんだいようし　も
   Do not take this question booklet with you after the test.

3. 受験番号となまえをしたの欄に、受験票とおなじようにかいてください。
   じゅけんばんごう　　　　　　　らん　じゅけんひょう
   Write your examinee registration number and name clearly in each box below as written on your test voucher.

4. この問題用紙は、全部で15ページあります。
   もんだいようし　ぜんぶ
   This question booklet has 15 pages.

5. 問題には解答番号の ① 、② 、③ … があります。
   もんだい　かいとうばんごう
   解答は、解答用紙にあるおなじ番号のところにマークしてください。
   かいとう　かいとうようし　　　　　　ばんごう
   One of the row numbers ①, ②, ③ … is given for each question. Mark your answer in the same row of the answer sheet.

受験番号　Examinee Registration Number	
じゅけんばんごう	

なまえ　Name	

もんだい1 （　　）に 何を 入れますか。1・2・3・4から いちばん
　　　　　いい ものを 一つ えらんで ください。

（れい） きのう　ともだち（　　）　こうえんへ　いきました。
　　　　1　と　　　2　を　　　3　は　　　4　や

（かいとうようし）　｜（れい）　● ① ③ ④｜

1 これは　フランス（　　）　かった　かばんです。
　　1　を　　　　2　で　　　　3　に　　　　4　の

2 A「日本語の　じゅぎょうは　いつ　ありますか。」
　 B「月曜日と　水曜日（　　）　あります。」
　　1　で　　　　2　に　　　　3　が　　　　4　を

3 ぎんこうと　スーパー（　　）　あいだに、かいしゃが　あります。
　　1　と　　　　2　で　　　　3　の　　　　4　に

4 田中先生は　しんせつ（　　）　おもしろい　人です。
　　1　で　　　　2　し　　　　3　て　　　　4　と

5 その　ビルを　右（　　）　まがって　ください。
　　1　まで　　　2　では　　　3　に　　　　4　を

6 国の　友だち（　　）　でんわを　かけます。
　　1　に　　　　2　や　　　　3　で　　　　4　を

[7] A「えいがは 何時（　　）ですか。」
　　B「あと 5分で はじまりますよ。」
　　1　まで　　　　2　ほど　　　　3　から　　　　4　だけ

[8] 林さんは コーヒーを のみましたが、わたしは こうちゃ（　　）しました。
　　1　に　　　　2　が　　　　3　を　　　　4　の

[9] ごはんを たべた（　　）くすりを のみます。
　　1　まえに　　　2　のまえに　　3　あとで　　4　のあとで

[10] てがみを（　　）とき、ペンを つかいます。
　　1　かき　　　2　かく　　　3　かいた　　　4　かいて

[11] 森「リーさんの お国は（　　）ですか。」
　　リー「ちゅうごくです。」
　　1　どう　　　2　どちら　　　3　どなた　　　4　どんな

[12] A「昼ごはんを 食べましたか。」
　　B「いいえ。（　　）です。」
　　1　もう　　　2　まだ　　　3　よく　　　4　あと

[13] A「いい しゃしんですね。（　　）とりましたか。」
　　B「わたしです。」
　　1　だれは　　　2　だれに　　　3　だれが　　　4　だれと

[14] わたしは えいがを 見る（　　）が すきです。
　　1　こと　　　2　もの　　　3　そこ　　　4　どれ

15 A「こんどの 日曜日、こうえんで おまつりが ありますよ。いっしょに (　　)。」
　 B「いいですね。行きたいです。」
　 1　行きませんか　　　　　　　　2　行って いますか
　 3　行きませんでしたか　　　　　4　行って いませんでしたか

16 A「りょこうの おみやげです。ひとつ (　　)。」
　 B「ありがとうございます。」
　 1　ください　　　　　　　　　　2　おねがいします
　 3　どうぞ　　　　　　　　　　　4　ほしいです

もんだい2 ____★____ に 入る ものは どれですか。1・2・3・4から いちばん いい ものを 一つ えらんで ください。

(もんだいれい)

A「いつ ____ ____ ★ ____ か。」
B「3月です。」
　1　くに　　　2　へ　　　3　ごろ　　　4　かえります

(こたえかた)

1. ただしい 文を つくります。

A「いつ _____ _____ ★ _____ か。」
　　　　　3　ごろ　　1　くに　　2　へ　　4　かえります
B「3月です。」

2. ____★____ に 入る ばんごうを くろく ぬります。

(かいとうようし) (れい) ① ● ③ ④

---

17 あには わたし ____ ____ ★ ____ です。
　1　高い　　　　2　せ　　　3　より　　　4　が

18 この ふるい ____ ____ ★ ____ です。
　1　父　　　　2　は　　　3　の　　　4　かさ

19 A「お母さんの ____ ____ ★ ____ か。」
　B「はい。もう なおりました。」
　1　なりました　　　　　　2　もう
　3　びょうきは　　　　　　4　よく

20 駅の ____ ____ ★ ____ べんりに なりました。
　1　スーパーが　　　2　となりに　　　3　大きい　　　4　できて

21 ここは わたし ____ ____ ★ ____ です。
　1　きのう　　　　2　店　　　　3　来た　　　　4　が

もんだい3　22　から　26　に　何を　入れますか。ぶんしょうの　いみを
　　　　　　かんがえて、1・2・3・4から　いちばん　いい　ものを　一つ
　　　　　　えらんで　ください。

　ワンさんと　アリさんは　「電車」の　さくぶんを　書いて、クラスの　みんなの　前で
読みます。

(1)　ワンさんの　さくぶん

　　日本の　電車に　はじめて　のったとき、びっくりしました。えきには　人が
たくさん　22　。みんな　ならんで　電車から　おりる人を　まちます。
そして、前の　人から　ゆっくり　のります。みんな　その　ルールを
まもります。　23　、きもちよく　電車に　のることが　できます。とても
いい　ことです。

(2)　アリさんの　さくぶん

　　わたしの　国の　電車　24　日本の　電車は、少し　ちがいます。
わたしの　国では、みんな　電車の　中で　よく　話します。だから、とても
うるさいです。日本人は、電車の　中で　あまり　25　。しんぶんや
本を　読みます。わたしは　いつも　電車の　中で　スマホ　26　おんがくを
ききます。みなさんは　電車の　中で　何を　しますか。

22
1 います　　　2 あります　　　3 みます　　　4 します

23
1 一番に　　　2 そのあと　　　3 だから　　　4 でも

24
1 が　　　　　2 と　　　　　　3 を　　　　　4 で

25
1 話して　います　　　　　2 話しましょうか
3 話しません　　　　　　　4 話したいです

26
1 へ　　　　　2 で　　　　　　3 に　　　　　4 と

もんだい4 つぎの (1)から (3)の ぶんしょうを 読んで、しつもんに こたえて ください。こたえは、1・2・3・4から いちばん いい ものを 一つ えらんで ください。

(1)
　わたしは 先週の 火曜日から 金曜日まで 京都に 行きました。火曜日は お寺を 見たり、買いものを したり しました。わたしは お寺が 好きですから、水曜日も 見に 行きました。木曜日は 映画館で 映画を 見ました。金曜日は おみやげを 買いました。とても たのしかったです。

27 「わたし」が お寺を 見たのは 何曜日ですか。
1　火曜日と 水曜日
2　火曜日と 木曜日
3　水曜日と 木曜日
4　水曜日と 金曜日

(2)
図書館に この メモが あります。

図書館を 使う みなさんへ

今日は 図書館の 本を かたづけます。本を かりることは できません。かえす 本は 入口の となりの ポストに 入れて ください。

2階の へやは 午後1時から 5時までです。へやの 入口に 紙が ありますから、紙に 名前を 書いてから 使って ください。

中央図書館

---

28 本を かえしたいです。どうしますか。
1 図書館の 人に わたします。
2 図書館の 入口の となりの ポストに 入れます。
3 2階の へやに 持って 行きます。
4 紙に 名前を 書いて、机に おきます。

(3)
(会社で)
ユンさんの 机の 上に、この メモが あります。

ユンさん

　　12時15分ごろ ヤマダ会社の 森さんから 電話が ありました。あしたの 会議の 時間を かえたいと 言って いました。16時までに 電話を してください。
　　森さんは これから 出かけますから、会社では なくて、森さんの けいたい電話に かけて ください。

　　　　　　　　　　　　　　　　　　　　　　　　　　佐藤　12:20

---

29 この メモを 読んで、ユンさんは 何を しますか。
1　あした 森さんの 会社に 電話を します。
2　あした 森さんの けいたい電話に 電話を します。
3　16時までに 森さんの 会社に 電話を します。
4　16時までに 森さんの けいたい電話に 電話を します。

もんだい5 つぎの ぶんしょうを 読んで、しつもんに こたえて ください。
こたえは、1・2・3・4から いちばん いい ものを 一つ えらんで ください。

これは ジェイソンさんが 書いた さくぶんです。

東京へ 行きました

ジェイソン・パーク

　先週、母が 日本に 来ました。母と いっしょに 東京へ 行きました。母と わたしは 日本語が あまり できませんから、すこし <u>こわかったです</u>。

　東京では、レストランや お店や お寺など、いろいろな ところへ 行きました。スマホで 電車の 時間を しらべたり、レストランを さがしたり しました。レストランの 人は 英語を 話しましたから、よく わかりました。母は 「来年も 来たい」と 言いました。

　わたしたちが 行った ところには、外国人が たくさん いました。つぎは、外国人が あまり 行かない ところへ 行って、日本人と 日本語で 話したいです。

30 どうして　こわかったですか。
1　はじめて　東京へ　行くから
2　電車の　時間が　わからないから
3　スマホが　ないから
4　日本語が　じょうずじゃ　ないから

31 ジェイソンさんは　今　どう　思って　いますか。
1　日本人と　りょこうを　したいと　思って　います。
2　友だちと　りょこうを　したいと　思って　います。
3　来年も　おなじ　ところへ　行きたいと　思って　います。
4　外国人が　少ない　ところへ　行きたいと　思って　います。

もんだい6 右の ページを 見て、下の しつもんに こたえて ください。
こたえは、1・2・3・4から いちばん いい ものを 一つ えらんで ください。

32 ナオさんは 10時半から 12時半まで あおばまつりに 行きます。ナオさんは 1,000円 持って います。どの 店で 買いものを しますか。

1　くだものの　ケーキ
2　おもちゃ
3　こどもの　ふく
4　やさい

あおばまつり

ぜひ 来て ください!

日にち:9月12日(土)
ばしょ:中央公園
時間:9時から 15時まで

くだものの ケーキ
- 9時から 11時まで
- 1つ 300円

いろいろな くだものの ケーキを うって います。

おもちゃ
- 11時から 15時まで
- 1つ 1,200円

子どもも おとなも すきな おもちゃを うって います。

こどもの ふく
- 13時から 14時まで
- 1つ 1,000円

かわいい ふくを うって います。

やさい
- 14時から 15時まで
- 1つ 150円

おいしい やさいを うって います。

필승합격 모의고사 제3회   問題用紙

N5
聴解
（30分）

注意
Notes

1. 試験が始まるまで、この問題用紙を開けないでください。
   Do not open this question booklet until the test begins.

2. この問題用紙を持って帰ることはできません。
   Do not take this question booklet with you after the test.

3. 受験番号と名前を下の欄に、受験票と同じように書いてください。
   Write your examinee registration number and name clearly in each box below as written on your test voucher.

4. この問題用紙は、全部で14ページあります。
   This question booklet has 14 pages.

5. この問題用紙にメモをとってもいいです。
   You may make notes in this question booklet.

受験番号 Examinee Registration Number

名前 Name

もんだい1 🔊 N5_3_02

もんだい1では、はじめに　しつもんを　きいて　ください。それから　はなしを　きいて、もんだいようしの　1から4の　なかから、いちばん　いい　ものを　ひとつ　えらんで　ください。

れい　🔊 N5_3_03

1　どうぶつえん
2　えいがかん
3　くうこう
4　でんしゃの　えき

1ばん 🔊 N5_3_04

1

2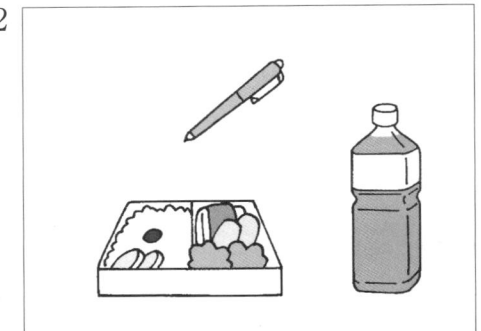

3

4

2ばん 🔊 N5_3_05

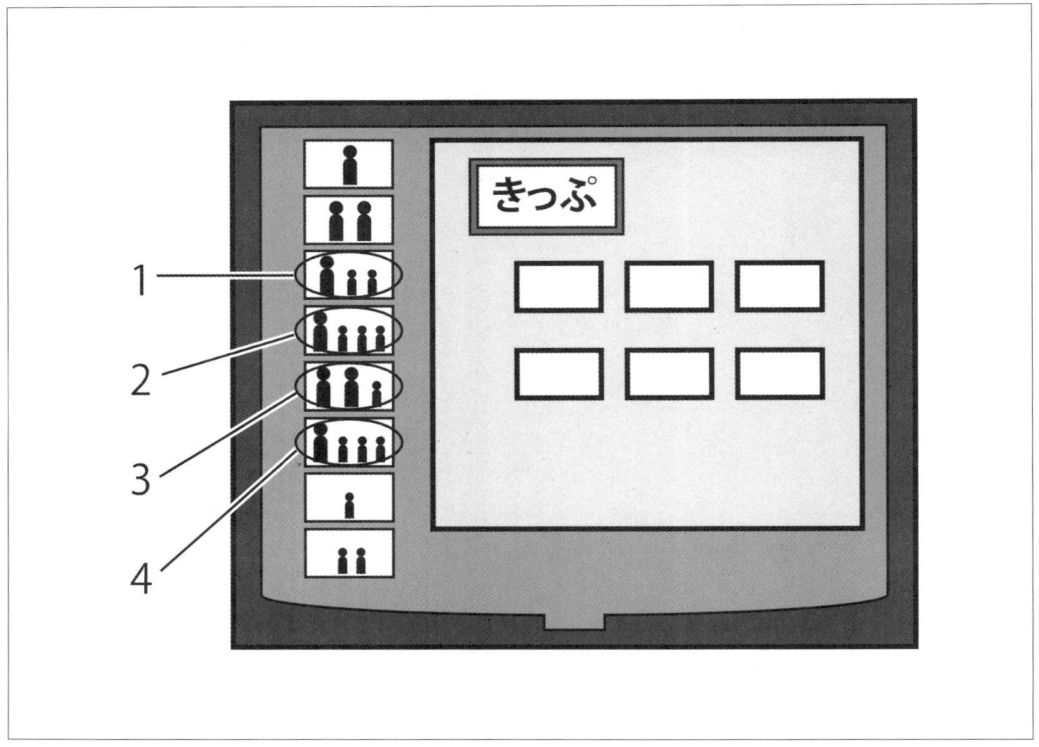

3ばん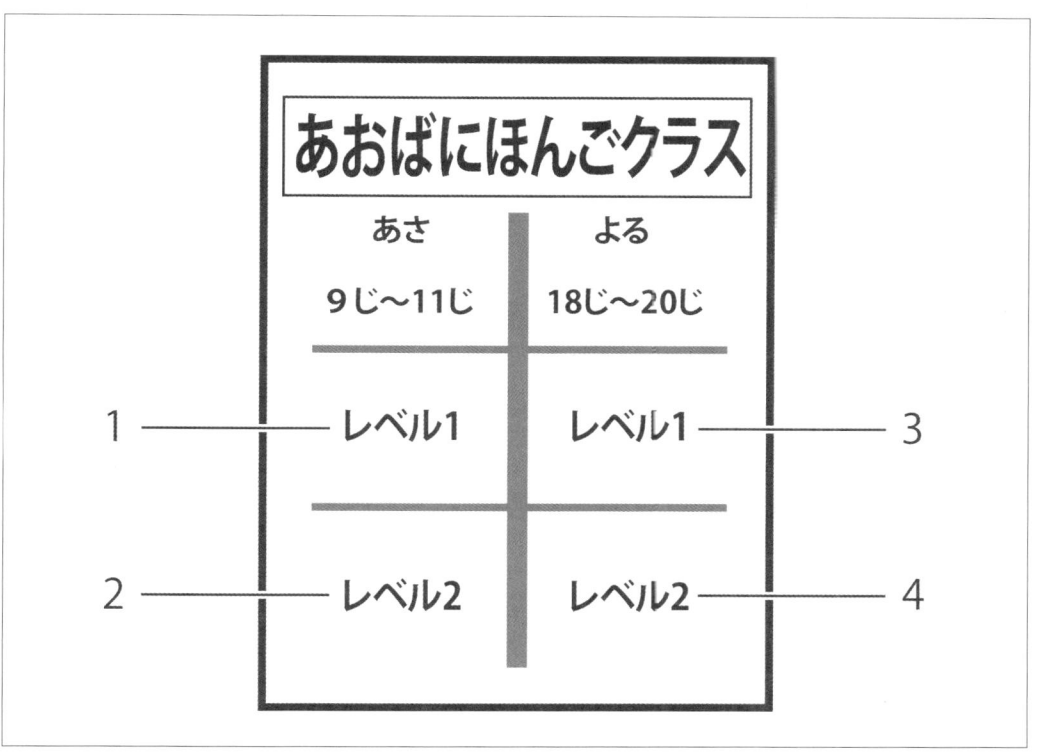

4ばん

1

2

3

4

5ばん 🔊 N5_3_08

1　1ばんの　バス
2　2ばんの　バス
3　1ばんせんの　でんしゃ
4　2ばんせんの　でんしゃ

6ばん 🔊 N5_3_09

1　げつようび
2　かようび
3　すいようび
4　もくようび

7ばん 🔊 N5_3_10

1
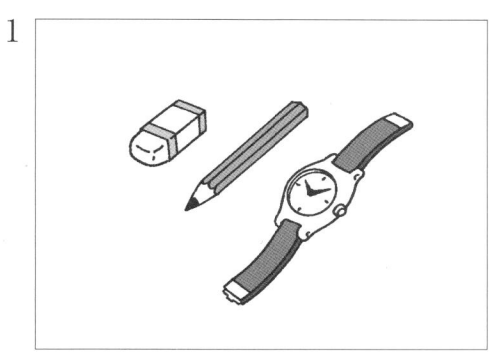

2

3
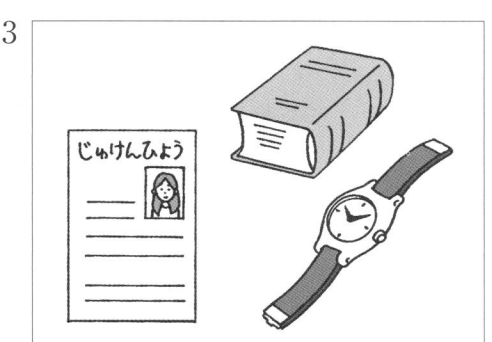

4

もんだい2 🔊 N5_3_11

　もんだい2では、はじめに　しつもんを　きいて　ください。それから　はなしを　きいて、もんだいようしの　1から4の　なかから、いちばん　いい　ものを　ひとつ　えらんで　ください。

れい 🔊 N5_3_12

1　きょうの　3じ
2　きょうの　3じはん
3　あしたの　9じ
4　あしたの　10じ

1ばん 🔊 N5_3_13

1

にち 日	げつ 月	か 火	すい 水	もく 木	きん 金	ど 土
	1	2	3	4	5	6
7	8	9	10	11	12	13
14	15	16	17	18	19	20
21	22	23	24	25	26	27
28	29	30	31			

2

にち 日	げつ 月	か 火	すい 水	もく 木	きん 金	ど 土
	1	2	3	4	5	6
7	8	9	10	11	12	13
14	15	16	17	18	19	20
21	22	23	24	25	26	27
28	29	30	31			

3

にち 日	げつ 月	か 火	すい 水	もく 木	きん 金	ど 土
	1	2	3	4	5	6
7	8	9	10	11	12	13
14	15	16	17	18	19	20
21	22	23	24	25	26	27
28	29	30	31			

4

にち 日	げつ 月	か 火	すい 水	もく 木	きん 金	ど 土
	1	2	3	4	5	6
7	8	9	10	11	12	13
14	15	16	17	18	19	20
21	22	23	24	25	26	27
28	29	30	31			

2ばん 🔊 N5_3_14

1　いちごの　ケーキ
2　りんごの　ケーキ
3　チーズケーキ
4　チョコレートケーキ

3ばん 🔊 N5_3_15

1

2

3

4

4ばん 🔊 N5_3_16

1

2

3

4

5ばん 🔊 N5_3_17

1　1かい
2　2かい
3　3かい
4　4かい

6ばん 🔊 N5_3_18

1　えいがを　みました
2　かいものを　しました
3　りょうりを　しました
4　パーティーに　いきました

もんだい3 🔊 N5_3_19

もんだい3では、えを みながら しつもんを きいて ください。
➡ (やじるし)の ひとは なんと いいますか。1から3の なかから、いちばん いい ものを ひとつ えらんで ください。

れい 🔊 N5_3_20

1ばん　N5_3_21

2ばん　N5_3_22

3ばん 🔊 N5_3_23

4ばん 🔊 N5_3_24

5ばん　N5_3_25

もんだい4 🔊 N5_3_26

もんだい4は、えなどが ありません。ぶんを きいて、1から3の なかから、いちばん いい ものを ひとつ えらんで ください。

れい 🔊 N5_3_27

1ばん 🔊 N5_3_28

2ばん 🔊 N5_3_29

3ばん 🔊 N5_3_30

4ばん 🔊 N5_3_31

5ばん 🔊 N5_3_32

6ばん 🔊 N5_3_33

필승합격 모의고사 해답용지

N5 げんごちしき (もじ・ごい)

第3回

じゅけんばんごう
Examinee Registration Number

なまえ
Name

〈ちゅうい Notes〉

1. くろいえんぴつ (HB、No.2) でかいて
ください。
 Use a black medium soft (HB or No.2) pencil.
 (ペンやボールペンではかかないでください。)
 (Do not use any kind of pen.)
2. かきなおすときは、けしゴムできれいにけしてください。
 Erase any unintended marks completely.
3. きたなくしたり、おったりしないでください。
 Do not soil or bend this sheet.
4. マークれい Marking Examples

よいれい Correct Example	わるいれい Incorrect Examples
●	⊘ ⊗ ○ ◐ ① ◉

もんだい1

1	①	②	③	④
2	①	②	③	④
3	①	②	③	④
4	①	②	③	④
5	①	②	③	④
6	①	②	③	④
7	①	②	③	④
8	①	②	③	④
9	①	②	③	④
10	①	②	③	④
11	①	②	③	④
12	①	②	③	④

もんだい2

13	①	②	③	④
14	①	②	③	④
15	①	②	③	④
16	①	②	③	④
17	①	②	③	④
18	①	②	③	④
19	①	②	③	④
20	①	②	③	④

もんだい3

21	①	②	③	④
22	①	②	③	④
23	①	②	③	④
24	①	②	③	④
25	①	②	③	④
26	①	②	③	④
27	①	②	③	④
28	①	②	③	④
29	①	②	③	④
30	①	②	③	④

もんだい4

31	①	②	③	④
32	①	②	③	④
33	①	②	③	④
34	①	②	③	④
35	①	②	③	④

N5 げんごちしき (ぶんぽう)・どっかい

第3回

じゅけんばんごう
Examinee Registration Number

なまえ
Name

〈ちゅうい Notes〉

1. くろいえんぴつ (HB, No.2) でかいてください。
   Use a black medium soft (HB or No.2) pencil.
   (ペンやボールペンではかかないでください。)
   (Do not use any kind of pen.)
2. かきなおすときは、けしゴムできれいにけしてください。
   Erase any unintended marks completely.
3. きたなくしたり、おったりしないでください。
   Do not soil or bend this sheet.
4. マークれい Marking Examples

よいれい Correct Example	わるいれい Incorrect Examples
●	⊘ ○ ◇ ⊕ ⦵ ⊗ ◍

もんだい1

1	① ② ③ ④
2	① ② ③ ④
3	① ② ③ ④
4	① ② ③ ④
5	① ② ③ ④
6	① ② ③ ④
7	① ② ③ ④
8	① ② ③ ④
9	① ② ③ ④
10	① ② ③ ④
11	① ② ③ ④
12	① ② ③ ④
13	① ② ③ ④
14	① ② ③ ④
15	① ② ③ ④
16	① ② ③ ④

もんだい2

17	① ② ③ ④
18	① ② ③ ④
19	① ② ③ ④
20	① ② ③ ④
21	① ② ③ ④

もんだい3

22	① ② ③ ④
23	① ② ③ ④
24	① ② ③ ④
25	① ② ③ ④
26	① ② ③ ④

もんだい4

27	① ② ③ ④
28	① ② ③ ④
29	① ② ③ ④

もんだい5

| 30 | ① ② ③ ④ |
| 31 | ① ② ③ ④ |

もんだい6

| 32 | ① ② ③ ④ |

N5 ちょうかい 第3回

じゅけんばんごう
Examinee Registration Number

なまえ
Name

〈ちゅうい Notes〉

1. くろいえんぴつ (HB、No.2) でかいてください。
   Use a black medium soft (HB or No.2) pencil.
   (ペンやボールペンではかかないでください。)
   (Do not use any kind of pen.)
2. かきなおすときは、けしゴムできれいにけしてください。
   Erase any unintended marks completely.
3. きたなくしたり、おったりしないでください。
   Do not soil or bend this sheet.
4. マークれい Marking Examples

よいれい Correct Example	わるいれい Incorrect Examples
●	○ ◯ ◌ ◍ ⊘ ⊗

もんだい1

れい	①	②	③	●
1	①	②	③	④
2	①	②	③	④
3	①	②	③	④
4	①	②	③	④
5	①	②	③	④
6	①	②	③	④
7	①	②	③	④

もんだい2

れい	①	②	●	④
1	①	②	③	④
2	①	②	③	④
3	①	②	③	④
4	①	②	③	④
5	①	②	③	④
6	①	②	③	④

もんだい3

れい	●	②	③
1	①	②	③
2	①	②	③
3	①	②	③
4	①	②	③
5	①	②	③

もんだい4

れい	①	●	③
1	①	②	③
2	①	②	③
3	①	②	③
4	①	②	③
5	①	②	③
6	①	②	③

JLPT 일본어능력시험